정통교회를 흔드는 실체

근본주의를 파헤친다

가스펠투데이 편집부 엮음

가스펠투데이

정통교회를 흔드는 실체 • 근본주의를 파헤친다

발행일	2023년 1월 28일
엮은이	가스펠투데이 편집부
발행인	박진석
발행처	가스펠투데이
주소	서울시 종로구 대학로 20, 삼우빌딩 402호
등록	제2021-000008호 (2021년)
홈페이지	www.gospeltoday.co.kr
이메일	adgt@gospeltoday.co.kr
전화	02-742-7447
팩스	02-743-7447
디자인	최주호

ISBN   979-11-974561-2-1 03230

값 12,000 원

우리가 지켜야 할 보수주의는 한국 장로교회의 전통을 지키는
것이다. 그 전통은 상호 협력과 연합의 에큐메니컬 정신이다.
그러므로 보수주의와 근본주의는 전혀 다르다. 근본주의는 독선적
행동을 일삼으며 증오, 혐오, 배제, 분열을 조장한다. 보수주의는
본래의 전통을 지키면서 화해와 평화의 연합과 협력 사업에 힘쓰는
것이다.

한국 장로교회 예장통합 교단의 전통과 정체성은 성경에 증언된
예수 그리스도의 복음 안에서 보수적 에큐메니즘이다. 에큐메니컬
운동은 진보가 아니라 전통을 지켜나가는 보수이다.

_『정통교회를 흔드는 실체, 근본주의를 파헤친다』, 58p

서문

증오와 분열 아닌,
하나됨의 은혜가 임하기를 소망하며

한국 기독교(개신교)는 세계교회사에서 보기 드문 경이적인 성장과 부흥의 역사를 이루었다.

1885년 4월 5일 부활절, 언더우드와 아펜젤러 두 선교사가 내디딘 복음의 첫걸음 전에 이미 직간접적으로 하나님의 말씀이 중국과 일본 등에서 번역되어 한글 성경으로 전래 된 역사는 분명 하나님의 크신 역사요 은혜이다.

그러나 선교 2세기도 채 넘기기 전 한국 교회는 복음주의와 에큐메니칼 간의 갈등과 분열이 일어났고 신학, 목회, 선교 현장에 아픔과 고통으로 얼룩졌다. 이는 소위 진보와 보수, 좌파와 우파라는 정치 사회적 진영논리로 비화, 심화, 혼재되면서 한국 교회의 발목을 잡고 있다.

더욱이 최근 더욱 심화되는 진영논리는 하나의 프레임으로 첨예하게 대립하고 있다.

한 분이신 하나님과 그리스도를 믿는 형제들이, 함께 동거할 수 없는 적이나 원수처럼 혐오의 대상으로 갈라치기 하는 형국이다. 나아가 이단 사이비 논쟁으로까지 격화되고 있다.

가스펠투데이는 이러한 갈등과 분열, 갈라치기와 정치, 종교 이데올로기화의 이면에 '근본주의 신학과 신앙'이 있음을 간파하고 이를 파헤치는 특별기획 시리즈를 연재했다.

한국 기독교의 복음주의와 에큐메니칼, 근본주의 신학과 신앙의 근원과 역사, 신학적 논쟁, 교회사적 접근과 분석, 근본주의 신학과 목회 및 선교 현장에서의 영향과 나타난 현상들을 분석하고, 한국 교회의 신학과 목회, 선교의 지평을 넓히고자 시도했다.

본서를 통해 옳고 그름을 넘어, 신앙과 신학의 차이를 서로 인정하고 하나님, 그리스도, 성령의 하나 되심 가운데 증오와 분열이 아닌 하나됨의 은혜가 임하기를 소망한다.

무엇보다 하나님 나라의 복음이 지구촌과 우주적 공동체 안에서 영원한 진리와 생명으로 역사하기를 간절히 기도한다.

발행인 박진석 목사

목차

해방 이전 미국교회 근본주의 태동과 선교 초기 한국교회에 끼친 영향 : 장로교를 중심으로

안교성 목사(장로회신학대학교 교회사 / 역사신학 교수)

서론

한국교회(한국 개신교)는 근현대 서구 개신교 선교운동 가운데 탄생하였기에, 전반적으로 복음주의의 영향 아래 있다. 신학적 경향으로 보면 한국교회는 보수성이 강하다고 할 수 있다. 이런 관점에서 흔히 한국교회를 보수적인 신학과 신앙을 지닌 교회라고 평가한다. 그런데 관련 용어들을 조심성 없이 쓰다 보니, 보수주의, 복음주의, 근본주의 등의 용어가 상호교환 가능한 것처럼 혼동 가운데 사용되는 경향이 있다. 이런 경향은 한국교회 안팎 모두에 존재한다.

먼저 교회사가를 비롯한 신학자들 중 일부는 초기 선교사들을 근본주의 선교사라고 비판하면서, 그들의 영향 아래 한국교회도 근본주의 교회가 되었다고 주장하는 경우가 많다. 또한 한국사가들 중 민족주의적 관점에서 기독교를 외래종교로 접근하는 이들도 초기 선교사들을 근본주의 선교사라고 비판하면서, 그들의 영향으로 인해 한국교회가 근본주의 교회가 되었고 따라서 한국교회는 이런 잘못된 수입신학의 유산을 속히 극복해야 한다고 주장하기도 한다.

그러나 세속의 상식은 의외로 진리보다는 속설에 근거하는 경우가 많다. 따라서 관련 언급들을 보면, 여전히 '보수주의, 복음주의, 근본주의' 등을 마구잡이로 섞어 쓰이는 것을 흔히 본다. 이번 특집이 바른 이해와 발전된 태도에 있어서 조금이나마 기여하기를 바란다.

서두에서 단적으로 말한다면, 한국의 초기 선교사나 초기 한국교회에 대해서 근본주의라는 용어를 적용하는 것은 시대착오적인 면이 있고 한국교회의 이해에도 도움이 되지 않는다. 그 이유는 두 가지이다.

첫째, 엄격한 의미의 근본주의는 한국의 선교 초기 이후에 등장한 현상이다. 따라서 근본주의라는 용어를 사용하려면 시대 배경 지식에 입각한 정확한 이해가 필요하다. 그렇지 않으면 '옷 입고 가려운 데 긁기' 식의 두리뭉실한 논란이 되고 만다.

둘째, 근본주의를 광의로 사용하는 것도 유의해야 한다. 대표적으로 정치사회 분야에서 근본주의를 정치적 과격주의를 설명하는 용어로 사용하는 경우가 있다. 가령 냉전 이후 종교 갈등의 시대가 도래하자, 이슬람교를 비롯한 종교들을 근본주의라고 부르는 경향이 나타났다. 그러나 최근에는 '테러리즘'이란 용어가 대두되고 있다. 따라서 근본주의는 항상 유의해서 사용해야 한다.

물론 근본주의라는 용어와 개념은 중요하다. 이 용어를 제대로 사용하면 학문적으로나 실생활에 유익하다. 그러나 문제는 근본주의라는 용어가 대부분 엄밀한 의미로 사용되기보다는 일종의 혐오 용어(hate speech)로 사용되는 경우가 많다는 사실이다. 한국교회도 예외가 아니다. 심지어 역으로 자기 보호를 위해 스스로 근본주의라고 자처하는 경우까지 있다. 이제 해방 이전 미국교회 근본주의의 태동(혹은 기원)과 선교 초기 한국교회에 끼친 영향을 살펴보자.

해방 이전 미국교회 근본주의의 태동

오랫동안 기독교 중심지 역할을 해온 서구의 기독교는 종교개혁과 계몽주의 시대 이후에 기독교와 이성 및 근대화와의 관계를 정립할 필요를 느꼈다. 전반적으로 볼 때, 소극적인 입장은 수세적이고 호교적인 구심성을 보였고, 적극적인 입장은 선교적이고 세상친화적인 원심성을 보였다. 물론 두 가지 경향이 혼재되어 나타나기도 했다. 특히 19세기 말에서 20세기 초로 넘어가는 시기의 서구사회에는 계몽주의적 세계관에 대한 신념이 확산되는 동시에 이에 대한 반발이 일어났다. 이런 양극화는 서구사회 전반에 걸쳐서 벌어졌고, 특히 예술에서 첨예화되었다. 이런 갈등은 신학도 예외가 아니었다.

역사비평을 비롯한 성서학의 갈등은 신학 전반으로 확산되었다. 이런 신학적 논쟁은 독일을 중심으로 한 유럽에서 장기간에 걸쳐 치열하게 전개되었지만, 교회 분열이라는 극한상황까지 벌어지지는 않았다. 그러나 유럽에서 일어난 논쟁이 미국으로 넘어오면서 극단화하는 경향이 있는데, 근본주의가 대표적인 예라고 할 수 있다. 근본주의는 누구나 잘 아는 운동 같지만, 동시에 정의하기가 쉽지 않은 운동이다. 근본주의는 기본적으로 신학과 관련된 개념이고 운동이다. 그러나 동시에 과학, 문화, 나아가 정치와 관련된 개념이고 운동이다. 근본주의는 확신과 확신에 따른 행동이 중요한데, 이런 과정에서 상대방에 대한 배타성, 상대방의 악마화 및 심지어 폭력성까지 나타나기도 한다. 근본주의의 본산인 미국에서 근본주의는 크게 세 단계로 전개되었다.

첫째, 미국장로교회 내의 신학적 갈등의 단계이다.

둘째, 〈근본주의자〉라는 잡지 등을 통한 근본주의 이념 확산의 단계이다.

셋째, 근본주의자들의 교파 형성의 단계이다.

미국장로교회 내의 신학적 갈등의 단계(19세기 말~1910년)

근본주의 논쟁의 한복판에 있었던 미국장로교회 특히 미북장로교회의 경우를 통해, 근본주의의 태동에 대해서 살펴보자. 미북장로교회는 여러 가지 이유로 교회가 분열하기도 하고 연합하기도 했다. 특히 미북장로교회는 20세기 초반부터 근본주의 논쟁에 직접적으로 개입되기 시작했다. 그러나 일반적으로 근본주의는 19세기 말부터 시작되었다고 보는 견해가 다수이다.

근본주의는 무엇보다도 신학적이고 신앙적인 운동이라고 할 수 있다. 신학 분야에 있어서는 두 가지가 중요한데, 성서론과 종말론이다. 즉 성서론 특히 성서문자주의가 한 축을 이루고, 종말론 특히 전천년설(세대주의적 전천년설)이 또 한 축을 이룬다.

첫째, 성서론은 미북장로교회 신학교인 프린스턴신학교에서 소위 구학파 신학인 구(舊)프린스턴신학을 통해서 발전되었다. 성서문자주의는 축자영감설, 성서무오설 및 성서무오류설 등으로 발전했다. 따라서 성서문자주의가 성서 본문을 비판적으로 분석하는 역사비평(고등비평) 성서신학에 반대하는 것은 이해할 만하다. 더구나 구프린스턴신학의 경우, 스코틀랜드 상식주의와 결부되면서, 성서는 누구나 이해할 수 있고 성서 안에 있는 내용도 문자 그대로 사실로 받아들일 수 있다고 여겼다. 따라서 성서문자주의가 성서 내용과 상충되는 진화론에 반대하는 것도 이해할 만하고, 이런 태도는 후에 창조과학으로 발전한다.

둘째, 종말론도 근본주의 기원을 이해하는 데 중요하다. 성서론에 있어서 프린스턴신학교가 중심지라면, 종말론은 부흥운동, 성경공부운동, 선교운동 등 다양한 경로를 통하여 전파되었다. 종말론에는 크게 3가지 유형이 있는데, 천년왕국 개념을 중심으로 분류하면 전천년설(pre-millennialism), 후천년설, 무천년설이 있다.

미국은 초창기에 전천년설을 중시하다가 점차 후천년설이 비등하게 되었고, 다시 19세기 말에는 전천년설이 중요하게 되었다. 이즈음에 전천년설의 극단적 형태라고 할 수 있는 다비(John N. Darby)의 '세대주의'(dispensationalism 혹은 세대주의적 전천년설)가 영국으로부터 미국에 전해졌다. 세대주의는 세계 역사를 7세대로 나누고, 각 세대마다 하나님의 독특한 경륜이 있으며, 종말에 그리스도의 재림이 이뤄진다고 주장한다. 세대주의는 성서 내용을 충실히 반영하려는 태도를 가졌기에, 성서문자주의 혹은 축자영감설과 잘 맞아 들어갔다. 특히 세대주의는 1909년 스코필드(C. I. Scofield)의 〈관주성경〉(The Scofield Reference Bible)을 통해서 널리 보급되었다. 따라서 근본주의 연구의 초창기 전문가 중 한 명은 세대주의의 확산을 근본주의의 기원과 연결하는 학설을 내놓기도 했지만, 오늘날은 다양한 요인을 찾아야 한다는 입장이 대세이다. 가령 후대의 일이기는 하지만, 근본주의의 대표 학자인 메이첸(J. G. Machen)은 세대주의자가 아니었다.

여하튼 세대주의는 미국 부흥가 무디(D. L. Moody)를 통해서 확산되었다. 무디가 19세기 말부터 부흥운동, 성경공부

운동, 선교운동에 두루 개입했기 때문에, 근본주의의 기원 및 확산에 크게 기여했다고 보는 것이 일반적인 이해이다. 그러나 그렇다고 해서, 무디와 관련되거나 무디가 개입한 운동들이나 그런 운동들에 참여한 사람들을 모두 근본주의에 속하거나 근본주의자라고 주장하는 것은 조심할 필요가 필요하다. 몇 가지 예를 들어보자.

무디의 본거지인 시카고에 있는 성경학교(가령 무디성경학교)와 신학교(가령 맥코믹신학교)나 그 학교 출신들을 모두 근본주의에 속하거나 근본주의자라고 말하는 것은 과장이 될 수 있다. 또한 '세계선교를 위한 학생자원운동'(Student Volunteer Movement [for Foreign Missions])이나 그 운동에 참여한 사람들 특히 그 운동과 관련된 선교사들을 모두 근본주의에 속하거나 근본주의자라고 말하는 것도 과장일 수 있다. 무디가 학생자원운동에 기여한 것은 사실이지만, 무디가 그 운동의 주동인물은 아니다. 이 운동은 기독학생운동 등 여러 운동들이 합류하여 만들어진 운동으로, 대표적 주동인물인 존 모트(John Mott)를 근본주의자라고 말하는 것은 무리가 있다. 왜냐하면 모트는 선교운동가인 동시에 교회일치운동가(에큐메니컬운동가)로서, 신학적 성향은 근본주의보다는 중도로 보는 것이 역사적 사실에 부합한다. 더구나 학생자원운동 초기에 활약했던 스피어(Robert E. Speer)는 나중에 '근본주의-현대주의 논쟁'에서 현대주의파로 몰렸다.

이런 배경 가운데 미북장로교회 보수진영이 근본주의 운동에 호응하였다. 19세기말에 초교파적 성경공부운동이 전개되면서 하계 성경모임과 성경예언모임 등이 개최되었는데, 1878년 뉴욕 성경예언대회에서 근본주의의 주장을 담은 14개 조항으로 된 나이아가라 신조가 채택됐고, 1895년에 14개 조항을 5개 조항으로 축약한 '근본주의 5개 조항'이 채택되었다. 미북장로교회는 보수 인사들이 교단 주도권을 잡으면서 교단 안팎에서 일어난 진보적인 흐름을 막고자, 이 5개 조항을 일부 수정한 '5개 근본 진리'(Five Fundamentals)를 채택하여 목회자 후보생에게 동의 의사를 밝히도록 했다. 이 5개 근본 진리는 성경의 성령 영감 및 그로 인한 성경의 무오성, 그리스도의 동정녀 탄생, 그리스도의 죽음은 죄를 위한 속죄라는 믿음, 그리스도의 몸의(bodily) 부활, 그리스도의 기적의 역사적 실제 등으로, 근본주의 5개 조항과 대동소이하다. 이것은 1916년과 1923년에 거듭 채택했다.

그러나 1924년 미북장로교회는 '오번 확언'(Auburn Affirmation)이란 문서를 총회에 제출하면서, 성경과 웨스트민스터신앙고백 이외의 신앙 기준을 총회가 노회에 일방적으로 강요하는 것은 헌법 위반이라고 주장하고 5개 근본 진리에 맞선 6개 조항을 제시했다. 미북장로교회는 이후에 근본주의-현대주의 논쟁으로 말미암아, 결국 선교부, 신학교, 교단이 연속적으로 분열하는 경험을 하게 되었다.

〈근본주의〉라는 잡지 등을 통한 근본주의 이념 확산의 단계(1910-1925년)

미국 근본주의자들은 근본주의 운동을 본격화하려고 노력했다.

첫째, 미국의 석유 부호이자 근본주의 특히 세대주의를 옹호한 장로교 평신도 스튜어트(Lyman Stewart)의 후원으로 〈근본주의: 진리에 대한 증언〉(The Fundamentals: A Testimony to the Truth)이라는 12권의 팜플렛이 1910년부터 1915년까지 발간되었다. 이 팜플렛으로 인하여 근본주의 운동이 널리 알려졌다. 그러나 이 팜플렛의 필자들 가운데는 위에서 언급한 스피어 등도 포함되어 있어서, 근본주의 운동이 복잡하게 전개되었음을 알 수 있다.

둘째, 1919년 근본주의자들은 '세계기독교근본주의연

맹'(World's Christian Fundamentals Association)을 결성하여, 근본주의를 대표하는 조직을 마련했다. 설립자는 침례교 목사인 라일리(W. B Riley)로, 그는 후에 스코프스 재판(테네시 주 vs 존 토마스 스코프스 재판 혹은 스코프스 원숭이 재판)을 끌어나간 주동인물이 되었다. 이 조직은 근본주의가 반대하는 또 다른 주제인 진화론을 반대하는 반진화론 운동을 강조했다.

셋째, 1925년 진화론을 둘러싼 법정투쟁이 전개되었다. 미국 테네시 주 고등학교 교사인 스코프스(John T. Scopes)가 주 재정후원을 받는 학교에서 진화론 교육을 금지한 주 교육법을 어겼다는 이유로 재판에 회부되었다. 이 재판을 스코프스 재판이라고 부르는데, 위에서 언급한 라일리 목사가 중심이 된 근본주의 진영이 이 재판을 근본주의 옹호의 호기로 삼고자 미국 최고의 변호사요 3차례나 대선후보를 지낸 저명인사 브라이언(W. J. Bryan)을 고용했다. 전국적인 관심 속에서 재판이 진행되었는데, 근본주의 진영의 기대와는 달리 재판에서 법률적으로는 승소했지만 홍보면에서 패소하면서 근본주의의 반진화론이 조롱당했고 그 결과 근본주의의 위상이 결정적으로 실추되는 계기가 되었다.

근본주의자들의 근본주의 교파 형성의 단계(1925년-)

스코프스 재판 이후, 근본주의자들은 수세에 몰리면서 오히려 강경화 성향을 보였다. 이런 과정에서 여러 가지가 추진되었다.

첫째, 선교 분쟁이 일어났다. 가령 근본주의-현대주의 논쟁이 선교지에까지 영향을 미치면서 선교 분야에도 근본주의-현대주의 논쟁이 벌어졌고, 이런 갈등이 역으로 본국인 미국에 재수출되었다. 미북장로교회는 선교 문제로 갈등했고, 그 결과 1933년 교단 선교부에 대항하는 대립선교부(독립장로교선교부)까지 결성되었다.

둘째, 신학교 분쟁이 일어났다. 신학교 노선 분쟁이 비화하면서, 1929년 프린스턴신학교에서 웨스트민스터신학교가 갈라져 나왔다.

셋째, 교단 분쟁이 일어났다. 선교 분쟁 및 신학교 분쟁의 핵심인물인 메이첸이 소속 노회의 치리를 거부하면서, 1936년 미북장로교회로부터 정통장로교회(Orthodox Presbyterian Church)가 갈라져 나왔다. 이런 미북장로교회의 분열 이외에도, 근본주의적 색채를 강하게 나타내는 군소교단들이 설립되었다.

이밖에 새로운 운동들도 일어났다. 1908년 설립된 '[미국] 교회협의회'(Federal Council of Churches)에 반대한 조직이 1940년대에 두 개나 설립되었다. 먼저 1941년 강경파인 '미국그리스도교교회협의회'(American Council of Christian Churches)가 매킨타이어(Carl McIntire)의 주도 하에 설립되었다. 또한 1942년 [미국]교회협의회에 반대하는 동시에 근본주의와도 차별화를 추구한 집단이 '전국복음주의자연맹'(National Association of Evangelicals)을 결성했고, 후에 '신복음주의자'(neo-evangelicals)로 자처하였다.

근본주의가 선교 초기 한국교회에 끼친 영향
초기 선교사들은 근본주의자인가?

초기 선교사들이 근본주의자였다는 주장은 초기 선교사에 대한 개인 및 집단 연구를 통해 수정되고 있다. 가령 대표적인 초기 선교사인 언더우드(H. G. Underwood)와 아펜젤러(H. G. Appenzeller)가 근본주의자였을까? 언더우드와 아펜젤러가 신학교 시절부터 복음적인 열정에 불탔고, 학생자원운동의 영향을 받았다는 것은 확인되지만, 이 두 선교사를 근본주의자로 단정할 수 있는 구체적인 근거를 제시하는 연구는 거의 없다. 오히려 옥성득은 최근 연구에서 초기 선교사들의 이미지를 "한국 종교 문화를 파괴한 근본주의자에서 성취론으로 기독교 토착화의 길을 연 온건한 복음주의자"로 바꾸려고 시도한다.

이밖에 초기 선교사를 근본주의자로 보려고 할 때 대표적으로 거론되는 인물 중에 게일(J. S. Gale)과 마펫(모페트, S. A. Moffett)이 있다. 물론 게일이 세대주의 문서인 블랙스톤(W. E. Blackstone)의 〈예수의 재림〉(Jesus is Coming)을 번역하여 한국에 소개한 것은 사실이다. 그러나 그의 종말론적 입장은 그의 신학 성향 전부를 설명해주지는 않는다. 대표적인 예로, 게일은 성경번역을 하면서 성서문자주의가 선호하는 직역보다는 의역을 선호했고, 이것을 관철하기 위하여 독자적으로 성경을 번역, 출간했다. 마펫의 경우, 최초의 장로교신학교인 '대한장로회신학교'를 설립하여 신학교육을 통해 한국교회를 근본주의 교회로 만들었다는 평가를 받는다. 그러나 그를 근본주의자라고 단정할 수 없는 사례가 너무 많다. 그는 미북장로교회가 분열함에 따라 국내 미북장로교회 선교부도 분열하였을 때, 대다수 미북장로교회 선교사들과 함께 새로운 근본주의 교단의 선교부가 아닌 미북장로교회 선교부에 계속 남았고, 미국 근본주의자들이 그에게 선교 프로젝트를 제안했을 때 그것을 거부하였다. 마펫이 '옛 복음'을 중시한 것은 사실이지만, 그것은 근본주의적이라기보다는 보수적인 신앙의 발현이라고 할 수 있다. 마펫이 근본주의자냐 아니냐에 대한 논쟁은 보다 구체적인 근거를 제시하는 연구가 필요하다.

초기 한국교회는 근본주의라고 할 수 있는가?

초기 한국교회는 보수신학, 근본주의가 관심 가진 성서론과 종말론이 중요한 신학적 주제였고, 해방 전까지 심지어 최근까지 한국의 신학 논쟁이 이 두 가지를 벗어나지 못하는 경향을 보인다. 먼저, 초기 한국교회가 성서문자주의적 경향을 보인 것은 사실이다. 그러나 그렇다고 해서 초기 한국교회가 근본주의 교회라고 단정할 수는 없다. 한국장로교회의 경우, 20세기 2/4분기로 가면서 점차 교단 내 신학 논쟁이 치열해졌는데, 이때 근본주의적 태도가 나타난 것은 사실이다. 그러나 초기 한국교회가 보여준 성서문자주의적 경향은 달리 설명될 수 있다. 먼저 선교 초기에 아직 복음만 전래되었을 뿐 신학이 소개되거나 신학적 발전이 이뤄지지 않은 상황에서, 새 신자가 성서를 읽으면서 기록된 그대로 받아들이는 것이 당연했다. 또한 한국인은 경전을 중시하는 문화가 있었고, 경전 읽기는 암송이 주를 이뤘으며 경전 해석도 '술이부작'(述而不作) 식으로 새로운 해석을 제시하기보다 전통적 해석을 계승하는 것이 우선시되었다. 따라서 한국인 새신자는 신앙 단계로나 문화 배경으로나 성서문자주의가 자연스러웠다.

또한 초기 한국교회 지도자 중에서 특히 길선주를 근본주의자로 해석하는 경우가 많다. 그의 종말론이 세대주의적 전천년설이기 때문이다. 그러나 이런 주장은 두 가지를 염두에 두어야 한다. 하나는 길선주의 신학 경향이 보다 폭이 넓다는 것이다. 길선주의 〈해타론〉과 〈만사성취〉는 그의 종말론과 관련이 있다고 평가되지만, 그는 이 서적들에서 성서문자주의 이외에 토착문화 및 전통종교와의 적극적인 만남을 통해 토착화신학을 구성하고 있다. 그리고 최초 7명의 장로교 목사들의 신학도 동일하다고 보기 어렵다. 이들이 넓은 의미에서 보수 신앙에 속했지만, 각자의 개성이 있었기 때문이다. 특히 한석진의 경우, 매우 진취적이고 도전적인 신학적 입장을 보인 경우가 많은데, 심지어 1970년대 서구 선교계의 최대 스캔들인 '선교사 유예'(missionary moratorium)라는 주제를

50년 정도 앞서서 주장하기도 했다. 따라서 초기 한국교회 지도자들이 선교사에 무조건적으로 예속된 모습을 보인 것은 아니다. 그들은 선교사의 영향을 받되, 그런 영향을 자기 나름대로 재창조하는 능력이 있었다.

초기 한국교회 새신자나 목회자만이 아니라, 장차 신학교육의 틀을 놓을 초기 신학자들도 모두 근본주의라고 말하기는 어렵다. 흥미롭게도 한국장로교회의 젊은 엘리트들이 미북장로교회 분열의 화약고가 된 프린스턴신학교에 유학하면서, 분열 장면을 목격했다. 그들은 프린스턴신학교 이후 다양한 신학교로 진학하였는데, 그 이유는 당시 프린스턴신학교를 비롯한 미국장로교회 신학교들이 신학교보다는 목회자 양성소의 특성을 강조한 세미너리(seminary)였기에 박사학위 과정을 운영하지 않았기 때문이다. 당시 유학생들의 신학관, 유학생들이 진학한 신학교의 신학관, 유학생들이 귀국 후 한국교회지도자로서 보여준 신학관은 일정한 상관성을 보였고, 이것이 한국교회의 신학적 판도에 영향을 미쳤다. 대표적인 인물로 박형룡, 한경직, 김재준을 들 수 있다. 흔히 박형룡은 보수, 한경직은 중도, 김재준은 진보로 분류된다. 그러나 세계 신학의 관점에서 볼 때, 이들 모두는 넓은 의미에서 보수에 속한다고 볼 수 있다. 박형룡은 말할 것도 없지만, 한경직

도 보수였고, 신학 논쟁의 한복판에 섰던 김재준마저 자신의
신학과 신앙을 설명하면서 '신학은 자유, 신앙은 보수'라고 말
할 정도였다. 한국교회의 전반적인 보수성은 서구에서 넓은
의미에서 보수에 속한 신정통주의자 칼 바르트가 한국교회에
서는 진보의 대명사로 취급되는 사실이 방증이 될 수 있다.

복음주의와 근본주의의 구별 필요성

한국교회는 거듭 이야기했듯이, 신앙적으로나 신학적으로
보수 성향이 강하고, 그런 성향을 지닌 개인이나 집단이 다수
이다. 그런데 한국교회 연구에는 기현상이 벌어지고 있다. 근
본주의가 기독교 보수신앙 혹은 복음주의의 일부인데, 실제
위상에 비해서 지나치게 강조되고 중요시되고 있다. 이것은
연구 성과를 통해서도 확인된다. 한국교회를 근본주의 관점
에서 다룬 연구는 많지만, 복음주의 관점에서 다룬 연구는 많
지 않다. 최근 들어, 세계적으로 복음주의 연구가 우수한 학
자에 의한 우수한 연구 성과의 덕분으로, 그 학문성을 인정받
고 연구가 활성화되었다. 세계 복음주의 통사는 물론이고, 권
역별 혹은 주요 국가별 복음주의 연구가 활발히 이뤄지고 있

다. 그런데 정작 세계 복음주의에서 가장 활발하고 많은 교인을 지닌 한국교회의 복음주의에 대한 연구는 미진하고 미비하다. 이제 관심을 근본주의에서 복음주의로 돌릴 필요가 있고, 축적된 복음주의 연구를 토대로 근본주의를 재조명할 필요가 있다.

결론

우리는 위에서 근본주의의 태동과 한국교회에 미친 영향을 살펴보았다. 근본주의는 역사상 존재했던 운동이고, 오늘날도 지속되고 있다. 그러나 근본주의는 역사상 특정 시기에 존재하고 나름의 특성을 가진 운동이기에, 무차별적으로 적용하면 득보다 실이 많다. 한국교회와 근본주의라는 주제는 한국교회와 복음주의라는 보다 넓은 맥락 안에서 접근하고 재평가할 필요가 있다. 특히 근본주의라는 용어는 일종의 혐오용어로 사용될 수 있기에, 조심해서 다뤄야 한다. 자칫하면, 근본주의의 관점에서 이뤄지는 연구는 진실 규명보다 집단이기주의에 영합하는 호교론이 되기 십상이다. 1950년대 김재준 신학 논쟁으로 인해 박형룡, 한경직, 김재준 사이에 입장차가 났을 때, 한경직은 양심의 자유의 보장까지 훼손하는 신학 논쟁의 문제점을 지적한 바 있다. 무릇 모든 신학 논쟁은 구속이 아닌 자유를 가져와야 한다는 교훈을 제시한 셈이다. "진리를 알지니 진리가 너희를 자유롭게 하리라."(요 8:32).

해방 이후 한국장로교회 분열과 근본주의

정병준 교수(서울장신대 교회사)

서론

이 글은 해방 이후 한국장로교회 분열과 근본주의 신학의 관계를 검토한다. 그것을 위해 한국장로교회의 근본주의 신학에 교사 역할을 했던 메이첸의 활동과 칼 매킨타이어의 신학 및 정치사상을 간단하게 검토한다. 그리고 1950년대 고신, 기장, 통합과 합동으로 장로교 교단이 분열되는 과정, 1960년대 칼 매킨타이어의 국제기독교협의회(ICCC)의 한국 조직이 생성되고 소멸되는 과정을 살필 것이다. 이 글을 통해 한국장로회의 분열의 핵심 원인이 근본주의 사상과 조직이었음을 확인할 수 있을 것이다.

메이첸과 칼 매킨타이어의 활동

해방 이후 한국교회 근본주의와 장로교회 분열에 직간접적으로 영향을 끼친 미국인은 메이첸(John Gresham Machen, 1881-1937)과 칼 매킨타이어(Carl McIntire, 1906-2002)였다. 메이첸은 찰스 핫지와 워필드의 구프린스톤 전통을 계승하면서, 1906년-1929년까지 프린스턴신학교에서 신약학을 교수하며 성서비평학을 비판했다.

그는 현대주의에 대해 불관용의 원칙을 고수했고 1929년 프린스턴 신학교를 떠나 웨스트민스터 신학교를 세웠고, 1933년 북장로회로부터 분리된 독립선교부를 세웠으며, 1936년에 정통장로교회를 설립하였다.

한국에서 메이첸에게 직접 교육을 받은 신학자는 박형룡(프린스턴 신학교, 1923-1926), 김치선(웨스트민스터 신학교, 1931-1933), 박윤선(웨스트민스터 신학교, 1936)이다.

메이첸은 근본주의 신학자로 알려졌으나 그는 세대주의 전천년종말론을 지지하지 않았고, 그의 활동은 주로 신학교육의 차원에 국한되었으며, 1937년 1월 1일 사망했기 때문에 그의 신학사상이 한국 장로교 분열에 직접적 영향을 주었다고 볼 수는 없다. 그러나 그가 세운 독립선교부와 정통장로교회가 한국에 파송한 선교사들은 고려신학교와 함께 활동했고 훗날 메킨타이어의 한국진출에 교두보가 되었다.

매킨타이어는 1927년-1929년 프린스턴 신학교에서 공부했고 스승인 메이첸과 함께 웨스트민스터 신학교에서 공부한 후 목사 안수를 받았다. 하지만 1936년 그는 메이첸을 비판하고 12명의 목사를 이끌고 나가 '성경장로교회'를 세웠고, 1937년에 페이스 신학교를 세웠다. 한경직과 한국 선교사 보켈(Harold Voelkel, 옥호열)은 매킨타이어와 프린스턴 동기생이다. 헌트(Bruce Hunt, 한부선)와 킨슬러(Francis Kinsler, 권세열)는 그들의 한 해 선배다.

매킨타이어는 1941년에 '미국기독교교회협의회'(ACCC)를 세웠고, 1948년에 세계교회협의회(WCC)를 반대하기 위해 국제기독교협의회(ICCC)를 설립했다. 1942년 '전국복음주의자협의회'(NAE: National Association of Evangelicals)가 결성된 후, 매킨타이어는 NAE가 WCC 회원교회의 인사들을 수용하고, WCC 탈퇴를 강요하지 않는다는 이유로 빌리그래함을 "배교자들의 은신처"라고 비난했다.

한국교회는 칼 매킨타이어의 근본주의 신학과 반공주의 사상에만 관심을 가졌고, 그의 정치 사상에는 관심을 갖지 못했다. 그러나 그가 한국에서 수많은 교회분열에 개입한 이유는, 그의 종교적 정치적 사상을 확장시키기 위해 한국에서 그의 사조직을 확대하는 목적이 있었다는 것을 놓쳐서는 안 된다.

칼 매킨타이어의 신학 사상은 칼빈주의 선택교리와 세대주의 종말론에 근거하였다. 그는 1941년 ACCC를 설립하면서 적극적으로 정치에 관심을 기울였다. 특히 그는 1950-1960년대 기독교 반공주의의 선봉에 서 있었다. 그는 백인 우월주의에 기초한 서구문명을 방어하기 위해서 아프리카와 아시아에서 식민지의 독립에 반대했다. 그리고 인종 분리주의 철폐와 흑인선거권 운동은 미국의 전통 가치와 자유를 붕괴시키는 공산주의자들의 음모라고 보았다. 그는 또한 뉴딜 정책과 같은 정부의 개입주의에 반대했고, 자본의 완전한 자유방임주의를 지지했다. 매킨타이어는 자신의 싸움을 빛과 어둠의 싸움으로 표현하는 이분법적 수사학을 사용했다.

그는 1957년 남아프리카공화국 정부의 인종분리정책을 지지하면서 남아공 정부로부터 경제적, 정치적 후원을 받기 시작했다. 매킨타이어는 WCC 에큐메니칼 운동을 "개신교 배교자, 스며들어온 사회주의자"라고 공격했다. 그는 인권운동이 주장하는 "인류의 형제 됨"은 집단주의 사상이고 사회복음의 연장이며 중생이 일어나기 전까지 인간은 형제도 아니고 하나님의 자녀가 아니라고 주장했다. 매킨타이어의 반공주의, 친자본주의, 백인우월주의, 인종분리주의는 강력한 우파 정치 동맹 세력을 형성했다.

매킨타이어의 전투적 근본주의는 종교 신학과 정치 행동의 통합 사상이었다. 즉 세계복음화를 통해 영혼을 구원하고 예수 재림을 대망하는 것과 제3세계 안에서 유럽식민지를 유지하는 것, 백인주류 사회 안에 인종분리정책을 지키는 것, 에큐메니칼 운동과 로마가톨릭과 공산주의 확산을 방지하는 것은 연결된 일이었다.

그는 ICCC를 통해 이러한 국제적 프로젝트를 실현하려고 했다. 매킨타이어는 1960년대 중반 단파방송(The Twenty-Century Reformation Hour)을 통해 엄청난 모금을 했고, 한국과 인도와 아프리카에서 WCC를 탈퇴한 교회들을 경제적으로 후원하며 ICCC 조직을 확대했다.

1970년대에 들어와서 페이스 신학교의 분열, 라디오 방송국의 방송규제 이후 그의 제국은 균열되기 시작했다.

매킨타이어의 근본주의 운동은 전 세계적으로는 극히 미

미한 세력이었지만 미국, 한국, 남아공의 근본주의 기독교인
들에게는 영향력이 컸다. 근본주의 운동이 힘을 얻을 수 있었
던 곳은 반공주의와 인종차별주의가 강한 곳뿐이었다. 한국
의 경우 인종차별정책은 없었지만 6.25 전쟁 이후 매킨타이
어의 반공주의와 자금은 특별히 분열된 교회들에게 큰 영향
력이 있었다.

한국장로교 1차 분열과 매킨타이어 조직의 활동

매킨타이어는 1949년 중국의 공산화와 6.25 전쟁으로 인
해 한국에 관심을 갖게 되었다. 당시 한국에는 정통장로교회
소속 홀드크로프트(J. Holdcroft), 치솜(W. H. Chisom), 말
스베리(D. R. Marlsbary), 해밀톤(F.F. Hamilton), 헌트(B.
Hunt) 등이 고려신학교와 관계를 맺고 있었다. 말스베리와
홀드크로프트는 ICCC에 소속되어 있었다. ICCC를 고려신
학교에 소개한 사람은 박윤선이었다. 1949년 고려신학교는
ICCC를 지지하는 편지를 보내기도 했다.

1951년 5월 부산에서 열린 제36회 속회 총회는 경남법통
노회의 대표의 회원권을 인정하지 않으면서 고신 측을 배제했

다. 이러한 분열은 신사참배와 관련된 교회 정화의 문제가 일차 원인이었으나 고신 측이 정통장로교회 선교사들과 밀접한 관계를 맺음으로 북장로회 선교사들과 불편한 관계가 형성된 것도 또 다른 원인이었다.

1951년 6월에 고신 측과 가까운 22명의 국회의원들은 WCC와 '대한예수교장로회총회'도 용공집단이라는 성명서를 발표했다. 국회의장인 이규갑은 이승만의 지시를 받고 「기독교와 용공정책」이라는 팸플릿을 번역하여 정계와 교계에 배포했다. 선교사 치솜은 한국 국회위원들의 WCC 비난 성명을 번역해서 매킨타이어가 발간하는 「크리스찬 비콘」에 개제했다.

1953년 7월 이승만은 세계교회가 휴전을 선호한다는 WCC 입장을 전달받았고 이것은 이승만을 불편하게 했다. 1954년 미국 에반스턴 제2차 WCC 총회를 앞두고 이승만은 매킨타이어 그룹과 긴밀하게 접촉했고 한경직의 WCC 총회 참석을 막았다.

그러나 1954년 8월 미국 필라델피아에서 개최된 ICCC 대회에는 한상동, 박윤선, 이약신, 박손혁 등 고신의 지도자들이 참석할 수 있도록 지원했다. 이때 매킨타이어는 한상동과 박윤선에게 페이스 신학교의 명예박사학위를 수여했다. 이것은 한국에 ICCC 영향력을 확대하려는 매킨타이어의 전략이었다.

또한 매킨타이어 그룹은 1953년에 창립된 한국복음주의협의회(NAE) 인물들과도 접촉했다. 이승만은 매킨타이어와 한국의 교회 세력과 연합해서 WCC를 용공으로 공격했다.

칼 매킨타이어는 1956년 9월에 방한해서 고신에게 ICCC 가입을 권유했다. 고신은 ICCC의 신학적 입장에 동의하였으나 조직으로 가입하지 않았다. 한국에서 WCC에 대한 용공 논쟁은 1950년대 중반 WCC와 미국의 에큐메니칼 지도자들이 중국의 유엔 가입을 지지하면서 다시 불거져 나왔다. 프린스턴 신학교 학장이며 국제선교협의회(IMC) 회장이었던 존 매케이는 1956년과 1957년 미국 NCC의 '삶과 봉사'(Life and Work) 및 '국내선교위원회'에서 중국 본토 교회와 재접촉 할 것과 중국의 유엔 가입을 강조했다. 이것은 소련을 견제하기 위해 중국을 공산권에서 분열시키려는 미국의 국제전략과도 일치했다. 매케이는 중국기독교의 미래를 위해 중국을 국제사회로 끌어내려고 했다. 그러나 이것은 미국의 반공주의 기독교회와 한국교회 안에 다시 한 번 WCC 용공론에 불을 붙였다.

한편, 중국의 팅(丁光訓) 주교는 1956년 8월에 독일 투칭에서 열린 세계기독교학생연맹(WCSF) 세계대회에 참석했다. 이때 3명의 한국 YMCA 대표들은 대회에서 퇴장하였다.

한국장로교 2차 분열과 NAE 조직의 형성

해방 이후 남한에는 조선신학교가 장로교의 총회신학교로 인정을 받았다. 그러나 조선신학교와 김재준의 신학적 지도력을 세서하고 과거 평양신학교의 신학과 전통을 재건하려고 하는 세력이 성장하면서 조선신학교와 장로회신학교를 중심으로 한 갈등과 분열이 지속되었다.

이 과정은 소위 보수주의 신학과 자유주의 신학의 싸움이라는 수사학이 사용되었으나. 그 내면에는 평양신학교 신학교의 신학교육 주도권의 회복, 서북 장로교회의 패권확보와 지역갈등, 박형룡과 김재준으로 대표되는 신학 갈등과 감정, 월남 기독교인의 증가, 교권 투쟁과 같은 다양하고 복합적인 문제들이 얽혀있었다.

1947년 조선신학교 학생 51명은 김재준 교수의 신학을 고발하는 진정서를 총회에 제출하면서 이 갈등은 본격적으로 시작되었다. 그 신학생들은 박형룡을 따라 남산의 장로회신학교를 마치고 강고한 목회자 조직을 구축하였다.

그들은 1953년 복음주의협의회 한국지부를 조직했다. 고문에는 박형룡, 회장에 정규오 총무에 조동진이었다. NAE는 초교파적인 조직이었으나 그 중심은 장로교 목사들이었고 그들은 조선신학교와 김재준을 축출하면서 강력한 교권 세력으로 부상했다. 그들의 신학적 특성은 박형룡을 지지하고 따랐다는 점에서 큰 범주에서 근본주의적으로 볼 수 있다.

한국장로교 3차 분열과 매킨타이어의 활동

1959년 한국장로교회 3차 분열은 한국장로교 NAE 세력과 에큐메니칼 세력의 교권 갈등의 결과였다. 그 분열의 원인이 에큐메니칼 지지자들과 정통보수주의자들 사이의 신학적 갈등이라는 주장도 있지만, NAE 세력이 교권을 놓칠 위기에 처하지 않았다면 굳이 교단이 분열되는 상황까지 가지 않았을 것이다.

1957년 총회신학교 박형룡 교장의 삼천만환 사건 이후 북장로회 선교사들은 선교 재정을 협의하는 협동사업부에서 NAE 측 지도자들을 배제시켰다. NAE 측은 미국 북장로회

가 '미연합장로교회'로 명칭을 변경하고 해외선교부를 '에큐
메니칼 선교와 관계위원회'로 명칭을 변경한 것에 대해 신학
적 변질이라고 공격하면서 총회 헌법에서 선교협력교단의 명
칭을 변경하지 못하도록 방해했다.

또한 NAE 측은 미연합장로교회 선교회에 속한 계명대학
교와 신명여학교 기숙사의 재산을 불법적으로 획득하려는 시
도를 하면서 양측의 갈등이 폭이 깊어졌다. 훗날 3개 장로교
선교사들이 전부 통합 측을 지지하게 된 것은 신학적 문제가
아니라 NAE의 윤리적 문제 때문이었다. 그것은 지속적으로
박형룡의 신학을 지지했던 남장로회 선교사들까지 돌아서게
만들었다.

한국장로회 NAE는 경북 NAE(박병훈), 호남 NAE(정규
오), 이북 NAE(김윤찬)의 정치적 연합체였다. 이들은 박형룡
을 앞세워 긴밀한 연합체를 이루었고 총회 교권과 남산 총회
신학교의 주도권을 공유하고 있었다.

1959년 9월 장로교 총회가 파행된 이후 에큐메니칼 측은
연동교회에 모여 연동총회를 조직했다. 그 후 선교회들과 중
립 측은 갈라진 양편을 화해시키려는 노력을 했다. 그러나 김
윤찬은 11월에 매킨타이어와 일행을 한국으로 불러들여 11
월 13일-20일의 일정으로 전국을 순회하면서 "용공론, 단일

교회론, 신신학"이라는 주장으로 WCC를 공격하였다. 이것은 총회 분열 과정에서 더 많은 교회를 NAE 측으로 확보하고 선교사들의 지원이 끊어진 상황에서 ICCC의 재정지원을 받으려는 전략이었다. NAE 측의 승동총회는 11월 24일에 개최되었다.

김윤찬은 승동총회 직후 ICCC 매킨타이어에게 WCC 탈퇴와 ICCC 가입을 조건으로 재정지원을 요청하는 편지를 보냈다. 매킨타이어는 홀드크로프트를 통해 크리스마스 선물로 12만 달러를 지원하였다. 이 돈은 신학교 건물구입과 신문운영비, 지방교회 수습 등에 사용되었다.

승동 측은 이 사건으로 인해 ICCC 찬반 논쟁으로 양분되었다. 그러나 매킨타이어의 기대와는 달리 승동 측은 ICCC와의 관계를 단절했다. 그 결과 박병훈과 김치선은 ICCC 지원을 받아 합동교단에서 탈퇴하여 각각 호헌교단과 성경장로교단을 세웠다.

1960년 7월 매킨타이어는 서울에서 ICCC 극동대회를 개최했다. 그리고 1961년 11월 인도 뉴델리에서 열리는 제3차 WCC총회를 반대하는 한국 측 인원을 조직했다. 그러나 정작 인도 뉴델리에서 매킨타이어의 ICCC는 환영을 받지 못했다. 매킨타이어는 WCC 총회 반대 집회를 마치고 남은 재정으로 한국에서 성결교회의 분열을 지원했다.

1960년대 교단 차원에서 ICCC에 가입된 단체와 지도자
는 기독교침례교(안대벽, 1961년 3월 16일), 성경장로교회
(김치선, 1961년 9월), 예수교성결교회(1961년 12월 19일),
예장 호헌총회(박병훈, 1962년 9월 12일), 예수교감리회(전
덕성, 1962년)이다. 매킨타이어는 이상의 교회와 한국 ICCC
지부를 총망라해서 '한국예수교협의회'(KCCC, 1965년 6월)
를 조직했다.

매킨타이어는 1966년 11월에 방한해서 고신의 ICCC 가
입을 종용했고, 고신은 내부적 찬반논쟁을 통해 1968년 9월
총회에서 ICCC에 가입하지 않기로 최종 결정을 내렸다.

'한국예수교협의회'(KCCC)는 내부분열을 통해 1968년경
소멸되었다. KCCC 산하 교파들은 모두 ICCC가 직접 개입하
여 분열시켰다. 1967년 봄 예수교감리회의 전덕성을 축출하
는 과정에서 교단이 분열되었다. 호헌 교단의 박병훈을 축출
하는 과정에서 교단이 분열되었다.

ICCC 재정지원을 받아 대한신학교를 유지했던 김치선의
성경장로교단도 1968년에 ICCC 공작으로 분열되었다. 같은
해 기독교 침례교회도 비슷한 이유로 분열되었다.

1979년 합동교단의 분열은 순수하게 교권 갈등의 결과였

고 그 이후 주류, 비주류가 분열되었고 비주류 안에서도 수많은 핵분열이 일어났다.

결론

이 글은 1950년대와 1960년대를 중심으로 한국장로교회 분열의 역사를 고찰하였다. 1950년대 한국장로교회의 분열은 신사참배 문제, 신학교육의 주도권을 둘러싼 보수-진보의 갈등, 장로교 복음주의협의회(NAE) 교권의 위기로 발생한 에큐메니칼-반에큐메니칼 싸움을 주원인으로 언급할 수 있다. 그렇지만 그 배후에는 미국에서 근본주의 신학적 훈련을 받는 신학자들의 영향력이 작용했고, 미국정통장로교회 선교사들의 활동, 칼 매킨타이어의 한국교회 분열 전략이 있었다. 1960년대 한국장로교회 분열은 칼 매킨타이어가 ICCC 조직을 한국으로 확대하는 과정에서 나타난 분열 전략이 크게 작용했다. 이 글은 1970년대 이후 한국장로교회의 분열의 역사를 다루지 못했지만 절대다수가 근본주의 신학적 영향력을 가진 교단들 내부의 교권 다툼으로 분열이 일어났다.

냉전·분단·분열의 1950년대,
한경직과 마삼락의 연합과
협력의 에큐메니즘

임희국(장로회신학대학교 명예교수, 교회사)

서론

1950년대 세계 냉전 상황에서, 6.25한국전쟁은 우리 민족의 분단을 고착시켰고, 장로교회는 세 차례 교단 분열을 했다: '51년(고신), '53년(기장), '59년(합동, 통합). 우리는 이때의 냉전·분단·분열을 극복하고자 힘쓴 연합·협력의 에큐메니즘을 돌이켜 보고, 이를 통해 오늘의 교회가 나아갈 새 길을 찾고자 한다.

한국 장로교회 예장통합 교단의 전통과 노선은 성경에 증언된 예수 그리스도의 복음 안에서 보수적 에큐메니즘이다. 에큐메니컬 운동은 진보가 아니라 전통을 지키는 보수이다. 이 글에서는 이 점을 역사의 사실(fact)에 근거하여 설명하고자 한다.

세계 교회 에큐메니컬 운동 참가를 결의한 장로교회 제42회 총회(1957년)

한국 장로교회 제42회 교단 총회(1957년)는 세계교회협의회(이하, WCC로 표기)에 대한 입장을 정리하며 국내외 에큐메니컬 운동에 참가하기로 했다. 이 결정은 곧 교단 정체성에 대한 확립이었다. WCC 제1차 총회가 1948년 네덜란드 암스테르담에서 개최되었을 때, 본 교단은 김관석 목사를 참석시켰다. 그 직후에 본 교단이 WCC의 정식 회원으로 가입했다. 1954년 WCC 제2차 총회가 미국 에반스톤에서 개최되었을 때, 본 교단은 김현정·명신홍 목사를 여기에 파송하기로 했다.

이 무렵에 본 교단 내에서 WCC에 대한 의혹이 강하게 제기되었다. "WCC가 세계 개신교 모든 교파를 하나로 합쳐서 초대형 단일 교파를 만든다."는 의혹이었다. 이에, 교단 총회의 정치부가 담화문((한국)『기독공보』(1954.5.24.))을 통해 해명했다: "WCC의 근본정신은 각 교파의 신조 통일을 의미함이 아니요, 각자의 신조를 존중하면서 (...) 각 교파의 친선과 사업협동을 도모함에 있는 것이다. 그런 까닭에 우리 총회에서 대표를 파송하는 것은 우리가 고립주의를 택하지 않는 증거(이다). (...). 우리 총회의 기본노선은 신조 신경을 단일화시켜 교파를 초월하려는 에큐메니컬 운동은 거부한다는 것이다. (...) 에큐메니컬 운동을 신조까지 단일화 시키는 교회 통일운동으로 해석하는 것은 민주주의적 사고방식을 이해하지 못하는 무리들의 견해인 것이다."

이 해명이 의혹을 잠재우지 못했다. 이에, 장로교회 제41회 총회(1956년)는 '에큐메니컬 연구위원회'를 발족해서 이 문제의 해결방안을 마련하고자 했다. 위원회는 한경직(위원장)·정규오(서기)·전필순·유호준·황은균·박형룡·박병훈·안광국으로 조직되었다. 일 년 뒤에, 앞에서 언급한 바, 제42회 교단 총회에서 연구위원회는 "친선과 협조를 위한 에큐메니컬 운동에 (이제까지처럼) 앞으로도 계속 참가하기로 하며 (초대형) 단일 교파를 지향하는 운동에 대하여는 반대하기로 태도를 결정했다."고 보고했다. 이것은 총회 정치부(1954년)의 3

년 전 담화문을 확인함과 동시에 교단의 입장을 확고히 굳히는 내용이었다. 총회가 이 보고서를 채택하여 'WCC에 대한 완결된 입장'으로 정리했다.

요약. 1945년 제2차 세계대전 직후부터 냉전 상황이 전개되었고, 1950년 6.25한국전쟁의 발발 이후에 한반도에는 민족의 분단이 고착되었고, 이러한 냉전과 분단 시기에 장로교회 교단은 두 차례('51년, '53년) 분열되었다. 이렇게 세계 냉전·민족 분단·교단 분열의 시대 속에서 한국 장로교회 제42회 총회는 연합·협력의 세계 교회 에큐메니컬 운동에 참가하기로 했다.

한경직 목사의 강조: "한국 장로교회의 전통은 에큐메니즘"

장로교회 총회의 이러한 결정에도 불구하고 여전히 "WCC는 (세계 개신교를) 단일 교파로 만들고, 신(新)신학이며, 용공(容共)단체"라고 주장하는 자들이 있었다. 냉전 상황과 분단 시대에 편승하는 주장이었다. 그 현장에서 경험했던 김광현 목사(경북 안동교회)는 자서전『나의 목회 일생: 이 풍랑 인연하여서』279쪽에서 당시를 회상했다: "6·25전쟁을 겪어 본

반공 국가에서 용공이미지는 적대감을 조성하는 최고의 무기
였다. 신신학을 이단시하는 한국 교회의 정서가 있는데, 거기
에다 단일 교회(교파)를 지향한다는 그릇된 홍보는 한국인의
당파심을 자극했고, 여기에다 하나 더 얹어서 천주교회와도
합하자는 것이라고 홍보하였다. 이렇게 하여 에큐메니컬 운
동을 이단시하고 적대시하게 했다."

　이 상황에서, 한경직 목사는 영락교회 강단에서 한국 장로
교회의 전통은 에큐메니즘이라고 선포했다(『한경직설교집』
제4권, 112쪽). 그는 그 전통이 내한 선교사들의 "연합과 협
조의 정신"으로 형성되었고, 그 정신으로 전개된 연합 사업은
한글 성경번역, 기독교신문 발간, 찬송가 발간, 학교와 병원
운영 등이라고 설명했다. 이 "연합과 협조의 전통을 한국 교
회가 반드시 계승해야 하는데, 이 전통이 (지금) 세계 교회 에
큐메니컬 정신과 꼭 일치되는 것이다." 그 정신은 "우리의 신
조를 그냥(잘) 지키면서 다른 교파와도 연합할 수 있는 일에
함께 연합해서 일에 협조하는 것이고, 이것이 에큐메니컬 정
신"이라고 설명했다.

　한경직은 더 나아가서 "이 에큐메니컬 정신을 반대하고 세
계 교회와 관계를 끊자는 사람들의 태도는 ①한국 장로교회
의 전통에 반대되는 것이고, ②비성경적 태도이며, ③고립주

의를 선택하는 것이며, ④독선적 배타주의이고, ⑤선교사들에 대한 배은망덕한 태도"라고 강하게 비판했다. 그는 에큐메니컬 정신을 반대하는 사상이란 "독선적 바리새주의"라고 지적했다.

'한국 장로교회의 에큐메니컬 전통은 내한 선교사들의 연합과 협조의 정신으로 형성되었다.'는 한경직의 강조를 역사적 사실(fact)로 증빙할 수 있다. 1885년 봄 미국 장로교 북장로회 선교사 언더우드가 조선 정부의 비자를 발급받아서 이 나라에 입국하였고, 그로부터 8년이 지난 1893년에 장로교회 선교사들, 곧 미국과 호주 및 캐나다 장로교회가 각각 조선(한국)에 파송한 선교사들이 '장로회공의회'(=장로교회선교사연합공의회(The United Council of Presbyterian Missions))를 최종 조직했다. 이 공의회의 목적은 조선에서 '개혁교회의 신앙과 장로교회의 정치를 사용하는 단일 교단'을 세우는 데 있었다. 선교사들이 상호 연합과 협력 사업을 도모함으로써 조선에서 하나의 장로교회 교단을 세우자는 것이었다. 만일 선교사들에게 그러한 연합과 협력 정신이 없었더라면, 이 땅에서 하나의 장로교회 교단 설립은 불가능했을 것이다.

장로회공의회는 1905년 미국, 호주, 유럽 등지의 여러 대륙 장로교회들과 함께 나란히 동등한 회원이 되는 '노회'(老會, Presbytery) 설립을 추진했다. 이와 더불어 노회의 명칭도 '조선(대한)예수교장로회'로 정했다. 또 장로회공의회는 2년 후(1907) 노회를 정식 창립하기로 결의했다. 그 결의대로, 1907년 9월 17일 한국 장로교회는 전국 규모의 노회를 설립했다. '조선전국독(립)노회'(朝鮮全國獨(立)老會)였다.

조선 장로교회 독(립)노회 설립(1907년) 취지문을 노회록 그대로 옮겨 보고자 한다.

...하ᄂ님께셔 우리나라 인민을 도라보샤 〔미국〕남장로교회와 북장로교회와 〔영국〕〔오스드렐냐〕 장로교교회회와 〔가나다〕쟝로교회의 쥬를 밋ᄂ 모든 형뎨ᄌ매들의 ᄆ옴을 감동식혀 이 네곳교회 총회로 션교ᄉ를 택명ᄒ야 이곳에 보내시매... 이 네곳총회에서 특별히 대한국 장로회 로회를 세우기로 허락ᄂ고로 장로회 회쟝 마포삼열 목ᄉ께셔 네곳 총회의 권을 엇어 한국교회에 로회되ᄂ 취지를 설명ᄒ시되... 쥬 강생 일천구백칠년 구월 십칠일 오정에 한국로회를 설립ᄒ후 대한에 신학교 졸업학ᄉ 닐곱사롬을 목ᄉ로 쟝립ᄒ고 대한국 예수교장로회 로회라 ᄒ셧스니 이는 실노 대한국 독닙로회로다.

방금 노회록에서 살펴본 대로, 그 서문에는 조신 장로교회가 미국, 캐나다(영국), 호주(영국) 장로교회 4개 교단의 에큐메니컬 연합과 협력으로 시작되었다는 사실을 명기했다. 조선 장로교회가 선교사들의 연합과 협력의 에큐메니컬 정신으로 하나의 교단으로 시작되었다.

이상의 역사적 사실은 한경직이 강조한 한국(조선) 장로교회의 전통이다. 그래서 그는 '에큐메니컬 정신을 반대하고 세계 교회와 관계를 끊자는 주장은 선교사들에 대한 배은망덕한 태도'라고 책망했다.

한경직이 에큐메니컬 정신을 강조한 또 다른 이유는 1950년대 그 당시 아시아의 정치·경제·사회적 상황에서 아시아 교회들의 "친목"(교제, 코이노니아)과 "협조"(연합 사업)가 매우 시급하다고 보았기 때문이다. 제 2차 세계대전 종전(1945) 직후 정치적으로 독립한 아시아 대륙 국가들의 상황은 경제·사회적으로 매우 불안정했다. 이러한 정황이야말로 공산주의자들이(=무신론적 유물주의자) 활개를 펴고 폭력적으로 활동하기에 적합한 환경이라고 한경직이 파악했다. 그래서 그는 아시아의 교회들이 서로 연대하고 협조하여서 공동으로 그리스도인의 사회적 책임을 감당하자고 역설했다.(한경직의 설교 "동아정세와 그리스도인의 책임"(1958년 7월 13일 주일저녁예배), 『설교집』 제3권, 238-254; "같이 증인이 되자"(1959년 5월 31일 주일저녁예배)『설교집』 제3권, 459-474.) 그러면서 그는 '동아기독교협의회' 창립(1957)에 적극 협력하고 참여했다. 실제로, 1958년 인도네시아에서 일어난 내란으로 말미암아 그곳의 교회들이 파손되고 피난민 교인들이 속출하자, 동아기독교협의회를 통해서 그는 아시아 대륙의 교회들과 함께 원조 운동에 참여했고 또 한국 교회의 모금 운동을 적극 독려했다.

한경직은 한 걸음 더 나아가서 아시아 대륙의 교회들과 북미와 유럽 대륙의 교회들이 상호 대등하게 수평적으로 연합하고 협력하는 에큐메니컬 운동을 전개해야 한다고 역설했다. 아시아 대륙의 교회가 비록 "신생(新生)" 교회이긴 하지만 이제는 더 이상 소위 모(母)교회인 서양(북미, 유럽 등)의 교회에 의존적이지 말고 독립해야 한다고 강조했다. 1950년대 상황에서 그가 이런 얘기를 했다는 것은 적어도 몇 세대 앞선 안목이었다. 그는 "협력이라는 것은 독립한 두 개체 사이에 성립하는데, 한쪽이 다른 한쪽을 의존하는 관계라면 협력이 성립되지 아니한다. 에큐메니컬 협력이라는 것도 독립한 교회들 사이에서 성립하는 것이다. 한국 교회는 처음부터 자립자강하는 교회였고, 8·15해방 이후에 외국(미국) 교회의 도움을 많이 입고 있는데, 이제는 독립하는 교회여야 한다"고 주장했다. 구체적으로, 미래 교회의 지도자인 아시아(한국)의 신학생은 영·미국과 유럽으로만 유학가지 말고 이제는 아시아의 기독교 대학이나 신학교로 유학하여 이 대륙/지역의 전통과 문화를 배우고 익혀야 한다고 주장했다. 또한 지금까지는 미국과 유럽의 교회가 아시아에 선교사를 파송했는데, 이제부터는 아시아 교회도 미국과 유럽에 선교사를 파송할 때가 되었다고 주장했다. 그래서 한 쪽에서 다른 한 쪽으로만 흐르는 일방통행식 선교사 파송이 아니라 쌍방통행식 선교사 교류를 통한 대등한 선교 협력관계가 구축되어야 한다고 강조했다.

장로교회 제3차 교단 분열(1959년): 예장합동(승동측), 예장통합(연동측)

장로교회의 교단이 1959년 제3차 분열되었다. 제42회 교단 총회의 결정을 따르는 자들이 "연동측"으로 모였고, 그 결정에 불복한 자들이 "승동측"으로 모였다. 승동측은 "WCC를 영구히 탈퇴하고, 에큐메니컬 운동을 반대하기"로 했다. 반면에 연동측은 "WCC가 용공도 아니고, 신신학도 아니며, 더욱

이 단일 교회(교파) 운동을 하는 단체가 아니라"고 선을 그었다. 승동측이 예장합동 교단이 되었고 또 연동측이 예장통합 교단이 되었다.

교단이 분열되는 과정에서 연동측은, "헌법과 규칙에 따라 회의를 계속하여 총회 75년의 전통을 계승한다. 이제까지 제휴해 오던 외국 선교회와의 관계를 굳게 지킨다. 우리는 분열을 원치 않으며 총회가 하나 되기 위하여 어떠한 노력과 성의를 아끼지 않는다." 그리고 "WCC는 -저들이(승동측) 주장하는 대로- '용공, 신(新)신학, 단일교회(교파)'를 지향하는 것이 아니다, 그렇지만 교회의 화평과 통일을 위해서 WCC에 대표 파송을 정지하기로 한다."고 결의했다. 이로써 연동측은 장로교회회의 연합과 협력의 전통을 계승하는 정통성을 확인했고 또 훗날 승동측과 다시 합치는 문도 열어 두었다.

연동측이 예장통합교단으로 개회하고서 재차 결의했다: "WCC에 대한 견해 차이로 총회가 분열하기까지 했고, 그렇게 분열된 총회의 화합을 위하여 (미국) 남 장로회 선교부가 탈퇴를 제안했으니, 그 제안을 받아들여 WCC에서 탈퇴하겠다. 그러나 승동측의 요구대로 에큐메니컬 운동을 전폐할 수는 없다. 만일 에큐메니컬 운동을 전폐하게 되면 WCC에서의 탈퇴는 물론이고 국내에 있는 모든 연합 사업(대한성서공회,

대한기독교서회, 기독교교육협회, 기독교방송, 한국기독교교회협의회(NCCK), 기독학생회 등)을 중단해야 하며, 심지어는 내한 장로교회회 선교부까지 거절해야 하므로 (에큐메니컬 운동의 전폐를) 수락할 수 없다."고 밝혔다(『대한예수교장로회총회(통합) 제44회 회의록』(1959)). 이 결의대로 예장통합 교단은 WCC에서 탈퇴했다. 그렇지만 국내 연합사업과 해외 교단/교파들과 교류 협력은 유지했다. 에큐메니즘 예장통합 교단이 출발했다.

선교사 마삼락(Samuel H. Moffet)의 설명

1960년 1월 14일 미국 장로교 남장로회 선교부의 주선으로 양측(승동측, 연동측)의 회담이 열렸다. 참석자는 연동측/예장통합에서 한경직 외에 10명이었고, 승동측/예장합동에서 권연호 외 11명이었고, 선교부측에서 인돈 외 8명이었다. 약 100명 정도 방청객이 참석했다. 그러나 협상이 결렬되었다. 2월 17일에 서울 새문안교회에서 "통합"(예장통합) 교단 총회가 개회되었다.

그런데 결렬 직후인 1월 중순에, 연동측 위원들이 보고서

겸 성명서를 다음과 같이 발표했다: "승동측은 그동안 자기들에게 속한 교우들에게 선전한대로, 에큐메니컬 운동이 용공이요 신신학이며 단일교회를 지향하는 것이므로 전폐한다는 결의를 하자고 했습니다. 이것은 교회의 화평과 연합을 파괴하는 ICCC 매킨타이어들의 책동에 따르고자 하는 것이 아니겠습니까?" 여기에서 'ICCC의 분열 책동'이 등장했다. 이 단체에 관하여 선교사 마삼락(Samuel H. Moffet)이 설명했다. 그는 평양 선교 개척자로 존경받는 마포삼열(Samuel A. Moffet)의 아들이다.

ICCC(International Council of Christian Churches)는 1948년 암스테르담에서 창립되었다. 주관자는 매킨타이어(Carl McIntyre)였다. 그는 오랫동안 회장직을 독점하여 이 단체를 사유화시켰다는 비판을 면치 못했다. 한국 장로교회회가 이 단체와 관계를 갖게 된 것은 1950년 당시 고신측의 한상동, 박윤선 등이 매킨타이어의 초청으로 미국으로 가서 그가 만든 페이스(Faith)신학교에서 명예신학박사 학위를 받고 돌아온 때부터라고 한다(채기은, 『한국교회사』, 243-244).

마삼락이 1950년대 후반에 집필한 "현대 기독교의 난관과 기회"라는 글에 따르면, 먼저 ICCC(International Council of Christian Churches)와 NAE(National Association of Evangelicals)를 구분해야 한다고 했다. 그의 설명에 따르면. NAE는 "개인적 관계를 중시하고, 기독인들로 신학적으로 보수적인 친교로 친밀하게 하려는 것인데, 이것은 WCC와 조화를 이루는 것이다. WCC는 모든 교파들을 그리스도 안에서 친밀케 하며 연합시키는 것이다. 외국에서는 WCC와 NAE가 사이좋게 지낸다. 그러나, ICCC는 NAE와 전혀 다른 기관이다. ICCC가 가는 곳 어디에든지 교회를 분열시키고 교인들에게 증오심을 심어주고 있다. ICCC의 대표인 매킨타이어는 미국 북장로교회회에서 '정통장로교회'를 갈라 나갔고, 그다음은 정통장로교회에서 '성경장로교회'를 갈라 나갔고, 또 그다음은 성경장로교회를 분열시켰다. 이처럼 ICCC가 이르는 곳마다 그곳에서 정통을 표방하면서도 교회를 분열시킴으로써 교회를 약하게 만드는 것뿐이다. 그들은 실제 자유주의 경향으로 기울어진 교회에는 아무런 역할을 미치지 못하고 있다." 매킨타이어는 "일찍이 브라질에서도 한국과 같은 분열을 조장한 사람"이라고 했다.

예장통합 교단의 WCC 재가입(1969/70년)

예장통합 교단(연동측)은 -WCC에서 탈퇴했으나- 에큐메니컬 정신을 견지했고 이 정신을 교단의 전통과 정체성으로 계승했다. 교단 분열은 영원한 결별이 아니라 다시 하나로 통합되어야 할 형제의 헤어짐이라는 뜻에서, 예장합동 교단(승동측)과 화해를 염두에 두고서, WCC 회원에서 탈퇴했다.

1969년에 예장통합 교단 총회는 WCC회원으로 재가입하기로 결의했다. 그리고 교단이 WCC회원으로 복귀했다. 이 때 김용준 목사(서울 수송교회)는 "대한예수교장로회의 원교회상"이라는 글에서 이것을 확인하는 차원에서 짚었다. 그는 "우리가 보수해야 할 내용이 무엇인가?" 물으면서 다음과 같이 강조했다: "독(립)로회(1907년) 교회설립 취지문에서 밝힌 대로 초대교회에서 유래한 개신교의 한국 교회의 전통과 네 모교회(母敎會)의 신경을 지키는 것이 곧 보수를 뜻하는 것이어야 함에도 1936년에 미국 장로교 북장로회에서 이탈해 나간 소수 근본주의의 영향을 받은 인사들의 독선적인 맹종의 강요를 추종하는 것을 전통인양 생각했다는 것은 비록 일시적인 것이라 해도 큰 상처를 입게 된 것이 사실이다.(…) WCC적인 교회로 복귀하는 것이 우리 교회의 본래적인 모습을 지키는 것이므로 보수란 근본주의자들의 현혹에서 벗어나 옛날의 우리 교회의 운동을 이어받는 것을 뜻한다고 보아야 할 것이다."

정리: 에큐메니컬 운동은 진보가 아니라 전통을 지켜나가는 보수이다.

한국 장로교회의 전통은 19세기 말 이래로 내한 선교사들의 연합과 협력 사업으로 진행된 에큐메니컬 정신에서 형성되었다. 이 전통은 이미 -1948년 WCC 창립 이전에- 한국 장로교회에서 국내의 토양에서 확립되었다. 이에, 1950년대에 WCC가 용공이라고 주장한 것은 당시의 세계 냉전과 민족 분단 상황에 기대어 그것을 이용한 것이다. 그 주장은 그 이전 세대에 이미 확립된 한국 장로교회의 에큐메니즘에 대한 무지를 스스로 실토하는 것이다.

지금 돌이켜 보면, 몹시 아쉬운 점은, 1950년대의 한국 장로교회는 세계 냉전과 민족 분단의 고통과 고난을 끌어안으며 화해와 평화의 길로 나아갔어야 했다. 그러나 도리어 장로교회는 그 시대 상황에 편입되어서 교단이 3차례 분열되었다.

다시 한 번. 우리가 지켜야 할 보수주의는 한국 장로교회의 전통을 지키는 것이다. 그 전통은 상호 협력과 연합의 에큐메니컬 정신이다. 그러므로 보수주의와 근본주의는 전혀 다르다. 근본주의는 독선적 행동을 일삼으며 증오, 혐오, 배제, 분열을 조장하는 것이다. 보수주의는 본래의 전통을 지키면서 화해와 평화의 연합과 협력 사업에 힘쓰는 것이다.

한국 장로교회 예장통합 교단의 전통과 정체성은 성경에 증언된 예수 그리스도의 복음 안에서 보수적 에큐메니즘이다. 에큐메니컬 운동은 진보가 아니라 전통을 지켜나가는 보수이다.

근본주의가 목회 현장에 끼치는 영향과 현실

김주용 목사(연동교회)

근본주의에 대한 역사적 접근을 했던 이전 세 편의 글은 한국교회 초기부터 뿌리 깊게 자리를 잡았던 근본주의 신학을 제대로 파악하고 인식하게 했다. 전체적으로 요약해 보면, 근본주의 신학은 1) 성경 무오설을 기반으로 하는 비상식적 축자 영감설에 빠져 있고 2) 지금까지 이어온 성령을 통한 교회의 역사를 부정한다. 3) 또한, 세상의 학문에 대해서 흑백논리로 판단하고, 때론 근거 없이 무시한다. 성경 무오설의 딜레마에 빠진 근본주의의 신학은 '창조과학'이라는 괴물을 만들어 창조과학을 수용하지 않으며 모두 진화론을 지지하는 세력인 것처럼 선동하고 있다. 5) 시대에 맞지 않는 주입식 기독교교육에 폐해를 보여주고 6) 종교적 재판관의 역할을 스스로에게 부여하여 교만한 정죄를 일삼으며 7) 마지막으로 근본주의 신학은 반선교적 교리를 보여주고, 끝내는 자기들이 재단한 편향된 하나님의 속성만을 가지고 하나님을 인식한다. 결과적으로는 만물의 하나님에 대한 신적인 인식을 부정하는 것으로 하나님도 믿지 않는 듯한 모습을 보인다.

이러한 근본주의 신학에 따라 교회 현장에 나타나는 영향과 사례들을 살펴보면서, 이에 대해 신학과 목회, 선교의 아픔과 고통을 7가지로 파악하고, 차후 한국교회의 방향을 찾아보고자 한다.

첫째, 근본주의 신앙은 교회 안에서 이뤄지는 성경공부를 싸움터로 만든다.

교회 안에 성경공부는 단순히 교리를 전달하고 주입하는 것이 아니다. 성경을 통해 인간의 삶과 하나님의 뜻을 연결하는 것이다. 물론 하나님의 뜻을 경전에서 찾는 과정은 철저한 신학적 작업이 필요하겠지만, 그 접근은 절대로 닫힌 관점에서 이루어져서는 안 된다. 예수 그리스도에 대한 복음서의 관점도 네 가지의 눈이 있듯이, 성경을 보는 관점도 다양함을 인정하면서 성경공부에 임해야 한다. 따라서 성경공부에 참여하는 모든 학습자는 또 다른 성경의 해석자가 될 수 있다는 생각을 해야 한다. 그러나 근본주의 신앙을 가진 학습자는 배우고 이해하며 새로운 지식을 수용하겠다는 입장이 아니라, 가르치는 자의 신학을 근본주의적 신학의 잣대로 점검하고 재단하고자 하는 마음으로 성경공부반에 들어온다.

예를 든다면, 근본주의의 신앙에 묶여 있는 성경공부 학습자는 성경의 절대 무오 입장에서 한 발짝도 양보하지 않으려고 한다. 고전 14장 33-40절에서 성경은 교회에서 여성은 잠잠하라고 한다. 근본주의의 신앙을 가진 교인은 이와 같은 성경의 문자적 표현을 그대로 지켜야 한다고 생각한다. 그래서 어느 한 교회에서 여성 부교역자가 성경공부반을 개설했다가, 항의가 들어왔다고 한다. 어떻게 여성이 성경공부를 가르칠 수 있느냐, 성경은 교회에서 여자는 잠잠하라고 했는데 어떻게 여성이 하나님 말씀으로 떠들 수 있느냐면서, 문제를 제기했다고 한다. 이런 실례가 여전히 한국교회 안에서 벌어지고 있다는 현실이 안타깝다.

또한 근본주의 기독교는 세대주의 종말론 또는 유사 시한

부 종말론과 연결되어 있어, 요한계시록을 비롯해 일부 성경에 대한 해석이 정통 신학에서 벗어나 있다. 일부에서는 베리칩이 짐승의 수 666이니 받지 말아야 한다고 주장하고, '백투 예루살렘'을 주장하며 이스라엘의 복구와 회복이 이뤄지고 성경의 때가 차게 되면 예수의 재림이 온다는 주장을 그대로 기존 교회에 스며들게 하고 있다. 그런 생각을 가진 근본주의 성경공부 학습자는 그러한 관점으로 계속해서 정통 신학의 성경공부 지도자를 공격하고, 그들의 주장에 관심을 가지는 성도들과 그룹을 만들어 교회 질서를 어지럽히는 행동을 일삼는다.

따라서 근본주의의 신앙에 빠진 성도들이 성경공부에 열린 마음으로 참여하게 하기 위해서는 그들의 성경관에 대한 회심은 반드시 필요하고, 교회는 성경에 대해서 분명한 신학적 입장을 가져야 한다. 교회는 바른 성경관이 교회 전반에 나타날 수 있도록 장기적인 학습이 이뤄지도록 해야 하고, 근본주의적 성경관이 얼마나 신앙에 위험한지를 인지하도록 해야 한다.

둘째, 근본주의 신앙은 교회 역사를 부정하고자 한다. 역사는 절대로 진공상태에서 나오지 않는다.

오늘의 역사는 어제라는 과거의 역사에서 나오는 것이다. 현대 교회의 모습도 이전 과거 역사 속에 있는 교회에서 나오는 것이다. 자유주의 신학, 곧 신(新)신학이라고 불렀던 신학의 흐름 또한 세계 곳곳이 수많은 혁명적 변화에서 나왔던 교회 역사적 산물이며, 근본주의 기독교인들이 그렇게 부정하고 싶어하는 '로마 가톨릭 교회'의 역사도 현재의 교회의 한 뿌리임은 분명하다. 또한, 그들은 세계교회협의회(이하 WCC)를 용공으로 몰기도 하고 최근에는 동성애를 적극 지지하는 집단으로 여기며 WCC에 속한 교단들이나 교회들을 근거 없이 비난하기도 한다. 상대방이 왜 그런 주장을 하며 그런 내용의 신학을 가지고 있는지, 테이블에 앉아 대화하고 이해하고자 하는 마음은 전혀 없고, 무조건 제 2차 자료와 근본주의에 빠져 있는 소수 목회자들의 발언들에 매몰되어 무조건 상대방을 악마로 만들어 버린다.

예를 든다면, 성경공부를 이끄는 목회자 또는 교사가 천주교나 WCC에 대해서 긍정적인 평가가 있을 수 있다는 짧은 발언만 해도 근본주의 신앙의 학습자는 그다음 날 천주교와

WCC가 악마의 집단이라는 왜곡, 비방하는 페이크 뉴스를 성경공부 동료들에게 보내고, 목회자나 교사를 공격하기 시작한다. TV 방송 설교나 유튜브 설교에서 어느 목사가 천주교와 WCC에 대한 객관적인 평가가 필요하다는 언급만 있어도 근본주의 기독교인들은 비방과 욕설의 댓글을 단다. 그들은 자신들의 뿌리가 성경이고 하나님이라고 생각하지만, 성경도 인간의 구전과 언어를 통해 지금 우리에게 전해진 것이고, 하나님에 대한 신앙도 수많은 역사의 사건들 속에서 문화화되고 상황화되는 과정을 통해 받아들이게 되는 것인데, 근본주의의 신앙인들은 그 모든 중간의 단계를 완전히 무시한다.

그러나, 근본주의의 신앙도 교회 역사에 한 부분이다. 제거할 수 없는 불편한 신앙의 동지들이라는 것이다. 완전한 영적 화학결합이 어렵다면, 정반합의 역사 발전에 따라 근본주의의 신앙과의 반목과 충돌 속에서 새로운 신학과 신앙을 모색하는 것도 새로운 시대에 필요한 제 3의 길일 것이다. 미국교회가 80~90년까지 근본주의에 빠진 교회들에 의해 급격한 쇠퇴를 경험해 가면서, 그 침체의 길 가운데 반성과 변화를 모색하던 기성교단을 벗어난 신흥교단의 복음주의 계열 교회들이 부흥을 이루면서 지금까지 새로운 미국교회의 부흥을 이끌 수 있는 사실은 근본주의 기독교가 불편한 것이 사실이지만 필요한 상생의 길이 없는 것은 아님을 보여준다.

**셋째, 근본주의 기독교인들의 핏속에 흐르는 창조과학은
성경과 과학 모두를 부정하는 것이다.**

먼저 창조과학은 과학이 아니다. 가(假)과학 또는 유사과
학이라고 한다. 창조과학을 기초로 하여 연구한 논문이 정통
한 과학 학술지에 기고된 것은 존재하지 않는다. 가끔 학술
지의 인용이라고 말하는 창조과학 내용이 있다. 정통한 과학
분야 학술지에 기고될 수 없으니, 그들은 자기들만의 학술지
(Answers Research Journal)를 만들었다. 한 생물학자는
나름 객관적인 창조과학자라고 하는 양승훈 박사조차 창조과
학 관련 논문이 어떤 정통 학술지에도 기고되지 못했음을 지
적한다. 다시 말하지만, 이처럼 창조과학은 과학이 아니다.

그러나, 동시에 창조과학은 신학도 아니다. 성경을 창조과
학적인 시각으로 해석하고 분석하여 나름 신학적 토대를 보여
주려고 하지만, 그들이 보여준 것은 자기들의 가진 얕은 지식
으로 성경을 누더기로 만들어 놓아 버린 것에 불과하다. 바다
가 평평하다고 주장하기 위해서 성경(계 7:1)을 근거로 삼으

면서 성경을 세상의 비웃음거리로 만들고 있다. 기본적인 과학과 상식조차 받아들이지 않으면서, 현실과 동떨어진 성경적 내용을 끼워 맞추기식으로 해석하고, 새로운 이론에 대해서 대화적 접근을 하거나 자기반성의 계기로 삼는 학문적 태도를 보이지 않는 창조과학을 기독교 신학이라고 하기는 부끄럽기 짝이 없다. 그것을 기본적인 신학으로 삼는 근본주의 기독교인들은 허무맹랑한 세계 속에서 교회와 신도를 나락으로 이끌고 있어 현장에 있는 교회들은 매우 예의 주시하며 심각하게 받아들일 필요가 있다.

어느 목사는 블로그에서 창조과학의 근본주의 신앙에 빠진 성도들이 비상식적 사고를 가지고 성경을 비롯해서 세상까지 해석하고 판단하여, 그러한 자기 잘못된 신앙을 교회학교 학생들에게 강요하고 주입시켜 학부모들 사이에서 크게 문제가 되었다고 이야기한다. 우주의 나이가 창조과학의 주장대로, 약 6000년이라고 자기 스스로 믿는 것은 상관이 없지만, 그것을 다른 누군가에게 강요하고 세뇌하려고 하는 행위는 절대 바르지 않다. 그러나 창조과학이라는 매트릭스에 빠져 있는 근본주의 기독교인들은 그 괴이한 굴레에서 벗어나지 못하고 있다.

최근 한국교회 현장에서 순수과학 계통의 직업을 가진 그리스도인을 만나기가 쉽지 않다. 창조과학의 암울한 그림자가 교회 곳곳에 드리운 교회에서 세속적 학문 태도를 유지하며 신앙을 지켜내려고 하는 자들은 근본주의자들에게는 진화론을 믿는 악마화의 대상이고, 근본주의 기독교인들은 어떻게 하든 그들을 창조과학으로 전도하려고 하는 모습을 보인다. 창조과학을 동의하지 않는 과학 분야에 종사하는 성도들은 그들 때문에 더 이상 교회에 발을 붙이기 어려운 상황에 이르고 있다. 선교지는 먼 곳에 있지 않다. 가까운 과학 실험실에서 예수가 구원자임을 믿고 세상에서 치열하게 복음을 고수하며 신앙을 지키는 과학자들을 향한 선교가 저 멀리 있는 해외 선교지보다 훨씬 더 큰 역할을 할 것이다.

넷째, 근본주의의 신앙인들은 자신들의 주장과 뜻을 반대하는 편은 무조건 악마화하려고 한다.

근본주의 신학의 심각한 문제 중의 하나는 모든 관점에 흑백논리와 이분론적인 사고로 판단하려고 하는 것이다. 세상을 보는 관점에 흑백논리의 잣대가 자리 잡고 있으면, 상황에 따른 윤리적 판단은 제대로 이뤄지지 않는다. 근본주의 기독교인들에게 기독교윤리는 어쩌면 사치일 수 있다. 시대와 역사, 더불어 그 당시에 정치와 경제, 문화와 사회의 현상들을 종합해서 교회와 그리스도인은 어떠한 이슈에 대해서 보편적으로 수용할 수 있는, 그러나 성경과 신학에 근거한 윤리적 판단을 제시해 줄 수 있는 곳이 되어야 하는데, 근본주의의 신학은 율법과 명령만이 내려질 뿐이다. 그러나 그 율법과 명령은 자신들을 반대하는 상대를 향한 정죄와 악마화를 시도하는 도구로 사용된다는 것이 문제이다.

앞에서 논의했던 것처럼, 창조과학에 서 있는 근본주의 기독교인은 자기의 뜻을 세속적 학문과 지식으로 비판하면 비판자의 주장과 내용의 취지는 살피지 않은 채, 자신들의 창조과학을 비판했다는 이유로 '진화론자'라는 프레임을 씌운다. 1950-60년 WCC를 긍정적으로 수용한다는 이유로 교회와 목회자들을 용공세력처럼 묘사했던 근본주의자들은 지금도 동일한 프레임으로 곳곳의 교회들과 목회자들을 공격하고 악마화 시킨다. 또한, 성경에 나오는 기적과 이적에 대한 기록에 다양한 견해를 제시하여 단순히 한 쪽의 해석이 아닌 많은 가능성을 담보하는 성경적 접근을 보여주는 주장을 하는 신학자에게는 '자유주의 신학자' 또는 '이단'이라는 굴레를 씌우려는 시도가 계속된다. 한국 근본주의 기독교인들은 미국의 근본주의 신학에 지대한 영향을 받았기 때문에 '자유'를 중시한다. 그런데 문제는 그들의 자유는 자기들의 책임 없는 주장을 마음대로 하고자 하는 방종일 뿐, 근본주의 신학에 반하는 객관적인 주장이나 충분히 검증된 신학적 논문에 관해서 대화의 견지를 벗어나 비난만을 일삼는 모습에서, 그들이 이웃과 타인, 세상에는 자유를 허락하지 않는 독재자 오류에 빠져 있음을 보여주고 있다. 이렇게 그들은 이미 모순적인 태도를 가지고 있다.

근본주의 신학은 자기들을 비판하고 반대하는 상대방을 극단적인 배타주의로 갈라치기 하고, 자기들은 선(善)이고 자기를 반대하는 이들은 악(惡)이라고 생각하여 사탄의 대상이 된 상대방은 죽이고 없애려고 하는 것이 신앙의 목적이 되고 있다. 근본주의 신학의 비판자들은 악마와 사탄이기 때문에 영적 전쟁 가운데 싸워 쳐부숴야 할 존재라 여긴다. 그러나 근본주의 기독교인들은 이 태도를 버리지 않는 한, 건강한 연합과 대화는 어려울 것이다.

다섯째, 근본주의 기독교는 만남과 대화의 기독교교육을 필요로 하지 않는다.

기독교교육은 마틴부버의 '관계철학'과 에밀 부르너의 '만남의 신학'을 통해 헬라의 이분론적인 세계관을 뛰어넘어 통합과 관계 중심으로 나아가는 교육방식을 말한다. 그러나 근본주의자들은 만남과 통합, 관계를 교육의 미덕으로 생각하지 않는다. 그 대표적인 증거는 1925년 미국 테네시주에 있었던 스콥스 재판이다. 존 스콥스는 공립학교 내에서 진화론을 가르치지 못하도록 한 테네시주의 법을 어기고 학교에서 진화론을 가르쳤다는 이유로 재판받게 된 사건으로 미국 기독교 내 근본주의자들의 교육적 정신이 세상에 여과 없이 드러났던 사건이다. 그들은 자기들이 신봉하는 주장과 내용만을 관철하려고 한다. 나와 다른 의견을 가진 자들과 만나 대화하며, 또 다른 길을 찾는 방식의 교육을 그들은 전혀 원하지 않는다. 무조건 나와 다르다면 싸우고 부정하려고 한다.

최근 각 교회는 동성애 문제와 차별금지법 때문에 홍역을 치르고 있다. 교회는 성경적 가족에 대한 정체성을 지키기 위해서 깊은 토론과 논의를 가운데 하나님의 뜻을 찾아가는 것이 필요하다. 교회는 다양한 구성원들이 존재한다. 동성애 문제와 차별금지법의 문제에 대해서 결코 하나의 답만을 가지고 있는 것이 아니다. 성경적 결혼관과 가족의 정체성을 지키는 것은 좋으나, 그에 대한 접근과 해석은 각자의 삶의 자리에 따라 다를 수 있음을 인정해야 한다. 따라서 교회는 이에 대해서 충분한 학습과 교육의 방법으로 긴 여정 가운데 교회가 무엇은 끝까지 고수하고 지키며 무엇은 관용과 포용으로 끌어안아야 하는지를 교회 안팎에 충분히 설득해 가는 과정이 필요하고, 조금씩 다른 서로의 견해와 판단을 조율하고 합의하기 위해서 만나고 대화하며 통합해 가는 스토리가 있어야 하는데, 근본주의 기독교인들은 그렇지 않다. 그들에게는 어떤 설명이나 과정이 없다. 무조건 안 되고 금지해야 한다는 것이다. 반대한다면, 그 이유를 충분히 설명할 수 있어야 하고, 그 근거를 객관적이고 합리적인 방법으로 제시하여야 한다. 그런 모습 없이 무조건식의 '반대'와 '부정'을 외치는 근본주의는 말이 통하지 않는 그룹으로 인식될 것이고, 그것은 곧 반사회적 존재로 점점 세상으로부터 관심 밖의 대상이 될 수 있다.

그것은 선교에서 치명적인 결과를 초래할 것이다. 이처럼 교회가 기독교의 근본주의적 성향을 극복하지 못한다면, 세상의 외딴 섬이 되어 갈 것이다. 소통과 공감을 이루지 못하는 교회는 절대로 '선교적 교회'가 될 수 없다. 계속적인 주일학교

위기의 경고음이 울려 퍼지는 시대 속에서 근본주의에 발목이 잡히는 한국교회는 단호한 결정이 필요하다. 끊어내지 않으며, 기성세대보다 훨씬 뛰어난 문명적 혜택과 문화적 진보를 이루는 교회학교 자녀들은 세상으로 다 빠져나갈 것이다.

여섯째, 근본주의 기독교인은 예배에서도 주인 노릇을 하려고 한다.

그들은 예배 가운데 예배자 개인이 자신의 감정과 정신을 신뢰하지 않도록 주의해야 한다고 주장하고, 예배 중 영적 경험을 이끄는 미학적 장치들을 의심하고 부정한다. 그래서 과거 근본주의자들은 예배 중 박수를 치는 것을 비롯해, 찬송가 공회에서 정한 찬송가 외에 부르는 소위 복음성가까지도 사단의 음악이라고 했다. 근본주의자들이 교회 당회에 다수를 차지하던 몇 십 년 전 교회는 찬양 중 악기 하나 사용하는 것이 쉽지 않았다. 예배 때 본당에서 기타 치는데 3년, 드럼 치는데 5년, 주일 본 예배에서 복음성가를 부르는데 10년이 걸렸다고 말하면서, 무슨 큰 업적이라도 이룬 것처럼 각 교회의 이야기하는 것이 얼마나 유치한지 모른다. 그런 과정이 더 무

가치하게 느껴지는 이유는 그런 결정을 하는 근본주의자들의 이유가 서구 교회를 동경하는 그들이 서구 교회들의 열린 예배에서 예배 중 복음성가를 부르고 찬양과 악기 사용하는 모습을 보면서, 마음을 바꾸게 되었다는 사실 때문이다. 그들은 사실 근본주의자로서 철저한 신앙적 원칙과 기본을 가지고 예배를 지키는 것이 아니다. 결과적으로 보면, 근본주의 기독교인들은 예배의 주인이 하나님인 것에 관심이 없다. 그들은 자기들이 정한 새로운 시대의 율법을 어떻게 적용할 것인지에만 관심이 있을 뿐이다. 하나님이 예배의 주관자라는 주장은 그들의 종교적 교만함을 가리는 겉옷에 불과하다. 그들은 스스로 예배의 주인 노릇을 하려고 한다. 그래서 인간의 감정과 의식, 미학적 상징이나 행위가 예배에 방해가 된다고 하면서도, 자신들의 입맛에 맞는 것이 있으면 얼마든지 수용하거나 불용하거나, 마음대로 한다. 중요한 것은 근본주의 기독교인들이 교회의 헤게모니를 잡느냐 그렇지 않은가에 따라 달렸을 뿐이다.

초대교회 때의 예배와 중세 가톨릭교회의 예배, 그리고 1900년대의 예배와 2022년의 예배는 다르다. 예배의 정신을 지키는 것은 중요하지만, 근본주의 기독교인들처럼 예배의 형식과 절차에 대한 극단적 원칙 고수 입장은 전혀 도움이 되지 않는다. 더 큰 문제는 그들은 이미 일관성을 상실하고 입장의 논리조차 보이지 않을 때가 많다는 것이다. 그들은 하나님 대신 예배의 주인 자리에서 내려와야 한다. 안식일의 율법은 인자와 사람을 위해서 있는 것임을 기억해야 한다. (막2:27-28)

일곱째, 근본주의자들은 아무도 믿지 않는다.

하나님조차도 믿지 않는 것처럼 보인다. 최근 아파트 재개발 단지에 알박기 했던 철거 대상이었던 교회는 불법 점거임에도 불구하고 그들이 요구한 보상금을 받게 되어 사회적 지탄을 받으며 논란이 되었다. 그러나 더욱 부정적 여론을 만든 것은 큰 보상금을 지키기 위해 알박기를 한 교회의 목사는 부목사와 장로, 성도를 믿지 못한다고 선언하면서, 자기 아들에게 교회를 세습하기로 결정했다고 말했다. 교회는 하나님을 믿는 종교 집단이다. 그러나 보이지 않는 하나님을 믿는 믿음을 확인하는 것은 눈에 보이는 하나님의 거룩한 백성들, 곧 성도들의 뜻을 하나로 모아가는 절차와 과정 가운데 있다. 근본주의자들이 이단이라고도 말하고 악마의 집단이라고까지 비난하는 로마 가톨릭교회의 교황도 '공동합의성(Synodality)'을 바

탕으로 성도들과 중간 사제들의 의견을 종합하여 최종 의사를 결정하고자 한다. 그런데 근본주의 기독교인들은 하나님도 독재했다는 식의 주장을 하며 교회 안에서 절대권력을 남용한다. 물론 그들도 겉보기의 절차는 따른다. 그러나 교회 안에 엄연히 존재하는 민주적 절차와 교단과 교회의 법은 허울에 불과하다. 그들은 아무도 믿지 않는다. 그들이 정한 자신들만의 율법만을 믿는다. 그 율법을 따르는 사람들이 자기 사람들이다. 그러나 그 믿음은 절대적이지 않다. 그런 근본주의자들의 습관은 최종적으로 하나님도 믿지 않는 것처럼 보인다는 것이다.

한 교회에서 행사를 위해 선교회별로 대표를 뽑아 회의를 진행했다. 그런데, 그 대표 가운데 근본주의 신앙을 가진 성도가 있었다. 그 성도는 본인도 동의하여 회의에서 결정한 사항을 매번 회의가 끝난 후, 다른 모임에서 결정을 번복하는 이야기를 하거나 회의에서 진행된 사적인 내용까지 전한다. 그는 모두가 합의하고 결정한 내용을 교묘히 조작하여 문제가 있는 것처럼 만들어 다른 대표들을 선동한다. 그러자 회의는 큰 문제가 있는 것처럼 비춰지고 끝내 그 행사는 근본주의자 한 성도 때문에 열리지도 못했다. 이런 일이 벌어지는 이유는 근본주의자들의 터무니없는 무책임한 불신 때문이다.

그렇다면 그들이 믿는 것은 무엇인가? 그들을 두고 한 매체는 기독교가 아니라 '카톡교'라고 부르기도 했다. 교회 안에 근본주의자들 중심으로 가짜뉴스를 퍼 나르면서 진실을 호도하고 사실을 제대로 보지 못하게 만드는 현상을 두고 나온 표현이다. 그들은 서로 다르지만 함께 해야 하는 교회의 동료들을 믿지 않는다. 매일 같이 오는 카톡의 가짜뉴스만 믿고, 그 페이크뉴스에서 말하는 '하나님'만을 믿을 뿐, 이웃과 타인이 만나 고백하는 하나님은 부정하고 거부한다. 자기들만이 보는 카톡의 가짜뉴스 속에 하나님만이 진짜 하나님이라고 생각하는 베이컨의 우상론과 같은 오류에 빠져 산다.

거짓과 선동, 조작과 가짜 뉴스에 빠져 신앙이 아닌 또 다른 신흥종교처럼 살아가는 현대의 근본주의자들은 더 이상 교회의 일원이 될 수 없는 상황이 되어 가고 있다. 그래서 최근에는 그들은 그들만을 받아 주는 교회나 모임으로 이동하고 있다. 그러나 문제는 그들이 보여주는 반사회적 모습은 사실상 교회 전체를 부정적으로 비추게 하는 결정적 요인이 되고 있음을 인정하고, 한국교회는 이에 대한 대책을 강구하면서 내일을 준비해야 한다.

결론적으로 교회가 땅 끝까지 이르러 주의 증인이 되어야

하는 사명을 가진 공동체라면, 근본주의 기독교는 연합과 협력이 아니라, 극복과 변화의 대상으로 여겨야 한다.

예수 그리스도도 베드로의 신앙고백 이후에 예수 수난 고백에 대해 베드로가 그런 일이 일어나지 않을 것이라는 말을 하자, "사탄아 물러가라"(마 16:23)고 강력히 말씀하셨다. 우리는 예수가 아니기에 그렇게 할 수는 없지만, 분명한 것은 함께 할 대상과 그렇지 않을 대상을 구별하지 않는다면, 도리어 교회의 바른 사명을 지켜내는 것은 어려울 수 있다. 선교적 측면에서 근본주의의 신학은 해악이다. 극복하거나 단절해야 한다. 할 수 없다면, 미국 교회처럼 근본주의 신앙이 기존 교회에 자리 잡을 수 없도록, 자연스럽게 신학적, 목회적 우위를 보여주는 것이 필요하다. 근본주의 신앙에 대해서 교회가 미적거리면 반드시 한국교회는 세상에서는 아무도 관심 없는 외딴 섬과 같은 존재가 될 것이다. 이전까지는 근본주의 교회와 성도가 그랬다면, 이제는 교회 전체가 그렇게 될 것이다. 교회의 사명이 선교라면 우리는 지금 이 자리에 주저앉아선 안 된다. 근본주의 신학과 신앙 때문에 한국교회 복음화를 더 이루지 못했다는 것은 하늘의 심판대에서 할 수 있는 변명이 될 수 없다.

근본주의 신앙이
한국 교회에 끼치는 신학적 영향

이상학 목사 (새문안교회)

서론

지금까지 우리는 근본주의 신앙의 역사적 태동과 진행, 그리고 목회 현장에서 나타나는 폐해에 대해 살펴보았다. 이 장에서는 근본주의 신앙이 어떤 신학적 뼈대를 갖고 성도들의 영성 형성에 작동하는지를 살펴본다.

근본주의는 사회가 근대화, 세속화되어 가면서 나타난 경향에 대한 반작용으로 시작되었다. 교회가 자신의 정체성을 명료히 하면서 하나님 나라를 이 땅에 확장해 가는 사명을 신실히 감당하기 위해서는 엄히 경계해야 하는 두 가지 큰 사조가 있다. 하나는 자유주의요, 다른 하나는 근본주의 신앙이다. 전자는 세속화의 흐름을 주도하는 과학주의와 인간 중심적 세계관을 무분별하게 신앙에 도입하여 하나님 중심의 신앙을 뒤흔들어놓는 반면, 후자는 세속화라는 충격적 변화의 소용돌이에서 교회와 신앙을 보호해야 한다는 좋은 신념이 변질되어버려 교회를 세상으로부터 분리, 고립시키고 결과적으로 하나님 나라를 이 땅에 확장하는 일에 오히려 역행하는 오류를 범하고 있다. 오늘날 한국 교회에서 근본주의 신앙은 다양한 문화적, 정치적 이슈를 등에 업고 교회 안에 깊이 들어와 교회의 정통신앙을 훼손하고 공교회의 일치와 연합을 후퇴시켰다. 그뿐 아니라 분리주의적 전투적 성향으로 인해 교회의 사회적 신뢰도를 약화시켜서 선교의 토대를 무너뜨리는 등 폐해가 심각하다.

문제는 이 근본주의가 개신교 신앙의 핵심 사조라 할 수 있는 복음주의의 옷을 입고 있기에 그 실체 파악이 쉽지 않다는 점이다. 순수하게 그리스도를 좇으며 신앙의 가치를 추구하고자 하는 성도들 가운데도 자신도 모르는 사이 이 근본주의 신앙에 젖어서, 생명의 구주를 십자가에 못 박은 바리새인의 삶을 본의 아니게 따라가는 사람들이 적지 않다. 더구나 이 근본주의는 반공주의나 반동성애 등 대중의 이목을 선점하는 이슈의 한복판에서 문화전쟁(cultural war)을 주도하면서, 유튜브나 인터넷을 통해 급속히 확산해가고 있다. 실제로 이로 인한 폐해는 만만치 않다.

하나님 중심 신앙을 거부하는 공산주의나 반성서적 가치를 주장하는 받아들일 수 없다는 것은 당연하다. 하지만 이를 다루는 교회의 태도는 대단히 전략적이고 또한 지혜로워야 한다. "만민에게 복음을 전하고, 땅 끝까지 내 증인이 되어라"는 선교적 사명을 충실히 수행하기 위해서는 교회가 심원한 통찰과 함께 현실적 감각을 같이 요구하기 때문이다. 하지만 근본주의 신앙은 이를 간과한다.

따라서 이번 장에서는 근본주의 신앙의 신학적 얼개와 이에 따라 형성되는 영성적 성향(spiritual formation)에 대해 살펴보려 한다. 이를 통해 혹시 우리 자신과 공동체 안에 들어와 있을 수 있는 근본주의적 신앙의 누룩을 발견하여, 바르고 온전하며 건강하고 복음적이며 선교 지향적인 신앙에 대한 지침을 얻을 수 있기를 바란다.

근본주의 신앙의 가치

근본주의는 19세기에 유럽과 미국이 세속화되고 자유주의 신학이 범람하여 교회를 잠식하는 데서 위기를 느껴 시작되었다. 원래는 기독교의 본질적인(fundamental) 가치를 지키자는 좋은 취지로 시작되었다고 볼 수 있다. 그런데 이것이 반지성적인 사조와 극우 정치운동과 연결되면서 변질되기 시작하여 다양한 변모의 과정을 거치며 오늘에 이르고 있다. 이 근본주의 신앙은 몇 가지 신학적 전제를 가진다. 첫째, 성경의 축자영감설을 주장한다. 성경의 한 글자 한 글자가 모두 하나님이 기록자에게 직접 받아 적게 하셔서 기록된 것이라 성경 66권 전체는 말할 것도 없고, 한 글자도 오류가 없다고 믿는다. 여기서 오류가 없다는 말은 진리성에 오류가 없다는 뜻이다. 이 진리성은 과학, 철학, 사회과학 등 모든 범주를 포괄한 것이라 믿는다. 둘째, 근본주의는 그리스도의 인성을 부정하거나 약화시켜서 받아들이려 한다. 셋째, 십자가 사건이 가진 폭넓고 심원한 다측면적 구속사 이해를 부정하고 대속적 죽음만이 유일한 의미라 주장한다. 넷째, 종말론에서는 전천년설 세대주의를 주장한다. 천년왕국 전에 예수께서 재림한다고 믿는 것이다.

하지만 이 근본주의는 교리적으로 2천 년의 정통 기독교 신앙과 분리되어 있다. 개신교인들이 흔히 오해하는 부분이 하나 있는데 기독교가 마치 1517년에 시작된 것처럼 알고 있는 것이다. 즉, 1517년 10월 31일 종교개혁자 마르틴 루터가 자신이 교수로 섬겼던 비텐베르크 대학 게시판에 95개 조의 반박문을 써 붙인 날을 기독교의 원년처럼 생각하는 것이다. 그래서 사도행전에 나타난 사도시대를 제외하고는 거의 1500년간 기독교는 죽어 있다가 1517년에 부활한 것처럼 인식한다. 또 어떤 이는 자기가 소중히 여기는 신조나 교리가 태어난 날을 기독교의 원년으로 간주한다. 이는 역사를 주관하시는 창조주요 섭리하고 구원하시는 구속주 하나님을 부정하는 소치이다. 사도행전에서 성령이 오셔서 교회가 시작된 이래, 교회의 역사는 지난 2천 년 동안 이어져 온 것이다. 부상과 침강, 부흥과 쇠락, 타락과 회복과 갱신을 반복해 왔지만, 기독교회는 지난 2천 년 성령의 역사 속에서 서서히 확장되어왔다. 그렇기에 정통 기독교는 지난 2천 년간 신앙의 유산을 절대 포기하지 않으며, 오늘의 선교와 하나님 나라의 확장을 위해 이 모든 유산을 소중하게 간직한다. 내가 속해 있는 교파나 교단과 다른 교리를 가졌다 할지라도 '생명의 구주 예수 그리스도'를 유일하신 주님으로 믿으며 사도신경의 신앙고백에서 벗어나지 않는 한 포용한다. 비판적 대화를 이어가며 연합과 일치를 추구해 간다. 현실역사 속에서 구속사를 주관해 가시는 하나님을 신뢰하기 때문이다.

근본주의의 성경관

그런데 근본주의는 이 정통 신앙과 분리되어 있다. 무엇보다 성경관에 오류가 있다. 건강한 기독교 신앙의 기준이요 잣대인 성경은 근본주의가 말하듯이 한 글자 한 글자가 하나도 빠짐없이 진리라고 말하지 않는다. 성경은 스스로 축자영감설을 부정한다. 사도행전 1:1에 보면 "데오빌로여 내가 먼저 쓴 글에는 무릇 예수께서 행하시며 가르치시기를 시작하심부터"라고 말씀한다. 여기서 저자 누가가 말한 '내가 먼저 쓴 글'은 당연히 누가복음을 말한다. 그는 누가복음이 하나님께로부터 직접 받아 적은 것이라 말하지 않는다.

만일 실제로는 받아 적은 것인데 이렇게 기록했다면, 이는 대필자에 불과한 사람이 자기가 썼다고 말하는 격이 된다. 역사가 누가는 복음서를 예수의 행적을 추적하여 자료를 모아 기록했다는 것을 암시하고 있다. 당연히 성령의 영감이 없으면 불가능한 기록이다. 하지만 동시에 축자영감으로 글자 하나하나를 받아 적은 것은 아니다. 이렇게 말하면 성경의 권위를 손상시키는 것이 아닌가 의문을 품을 수 있다. 그러나 그 정반대이다! 축자영감설을 주장하거나 한 글자도 오류가 없다고 주장하면 오히려 역설적으로 성경의 진리성을 방어하기가 어려워진다. 성경에는 과학적, 역사적 사실(fact)로만 받아들일 수 없는 대목들이 왕왕 눈에 뜨이기 때문이다. 예를 들어 복음서의 향유 옥합을 부은 사건에 대해, 마태와 마가는 여인이 옥합을 깨어 머리에 부었다고 서술한다. 반면에 누가는 발로 씻었다고 서술한다. 어떻게 한 사건에 대해 엇갈린 증언이 있을 수 있는가. 과학적 실증적 진리로 판명하려고 하면 둘 중 하나는 틀린 진술이다. 또한 잠언 6:6~8에 보면 이런 구절이 나온다. "게으른 자여 개미에게 가서 그가 하는 것을 보고 지혜를 얻으라 개미는 두령도 없고 감독자도 없고 통치자도 없으되 먹을 것을 여름 동안에 예비하며 추수 때에 양식을 모으느니라." 동물학자에 의하면 개미는 인간을 제외하고는 벌과 함께 가장 조직화 된 사회를 갖고 있다고 한다. 여왕개미, 일개미, 병정개미 등 온갖 조직을 가지고 있다. 이 잣대로 보면 성경은 과학적으로 오류이다. 성경의 한 글자도 과학적으로 틀린 것이 없다고 말하는 사람의 주장은 상식과 건전한 이성을 가진 현대인들에겐 받아들여지기 힘들다. 오히려 이런 주장은 성경의 계시성을 방어하려다 그 진리성 자체를 부정하게 만들어 버린다. 기독교 신앙을 방어하는 데 선교적으로 치명적 주장을 하는 것이다.

성경은 스스로 축자영감설이 아닌 유기적 영감설을 주장한다. 성경은 신앙과 행위에 절대 오류가 없다는 말이다. 디모데후서 3:16~17절은 이렇게 말씀한다. "모든 성경은 하나님의 감동으로 된 것으로 교훈과 책망과 바르게 함과 의로 교육하기에 유익하니 이는 하나님의 사람으로 온전하게 하며 모든 선한 일을 행할 능력을 갖추게 하려 함이라." 글자의 오류성 여부나 과학적 실증적 진리성 여부가 중요한 것이 아니라, 신앙과 거룩한 행위로 살아감에 오류가 없다는 뜻이다.

그런데 근본주의 신앙의 성경관은 이를 부정한다. 결과적으로 자기 확신에 입각해 성경의 진리를 옹호하려다 오히려 성경을 진리로 변증하고 방어하는 데 철저히 실패해 버리는 오류를 낳았다. 선교에 걸림이 되어 하나님 나라가 이 땅에 확장되어 가는 데 막대한 지장을 주게 된 것은 말할 것도 없다.

다원적 세속화 시대의 한복판에서 교회와 성도는 비둘기처럼 순결하며 뱀처럼 지혜로워야 한다. 복음화와 하나님 나라의 확장이라는 선교의 대사명을 위해 교회는 항상 무엇을 목숨 걸고 지킬 것이며, 비판적 대화와 만남을 통해 무엇을 유연하게 개방해야 할 것인지를 고민해야 한다. 이것이 교회가 지고 가야 할 거룩한 십자가이기 때문이다. 이렇게 볼 때 근본주의 신앙은 지적, 영적으로 안이하고 나태하다 할 수 있다.

근본주의의 속죄론

2천 년 기독교 전통은 예수 그리스도의 십자가 죽음의 의미에 대해 다양한 이해를 포괄하고 있다. 속량설(The Ransom Theory), 승리자 그리스도설(Christ Victor Theory), 만족설(Satis faction Theory), 도덕적 모델설(Moral Example Theory), 형벌대속설(Penal Substitution Theory), 치유와 회복설(Healing and Recovery Theory), 마지막 희생양설 (The Last Scapegoat Theory) 등 십자가 죽음의 의미, 즉 속죄론에 대해 실로 다양한 견해의 모델을 가진다.

조직신학 특히 구원론에서 십자가 사건의 의미에 대한 해석은 실로 다양하다. 여기서 다양하다는 말은 다원주의를 말하는 것이 아니라, 십자가 사건의 구속사적 의미가 어떻게 이해될 수 있느냐에 대해서 성경이 다양한 해석을 허락하고 있다는 말이다. 그만큼 성경은 풍성한 속죄론을 품고 있다. 일부 근본주의자들이 이를 또다시 다원주의(pluralism)라고 말하는 것은, 교리사에서 구원론의 변천과 현대조직신학의 구원론에 대한 무지를 스스로 드러내는 소치라 하지 않을 수 없다. 물론 이 모든 모델은 성경적 근거에 기반하고 있다. 그리고 구원론에 있어 이 모델들 모두가 한 사람의 그리스도인이 하나님의 자녀가 되어 "생명을 얻고 더 풍성히 얻으며" (요 10:10), "그리스도의 장성한 분량이 충만한 데까지"(엡4:13) 성장해 가면서 하나님 나라의 시민으로서 이 땅에 하나님 나라를 이뤄가는 데 중요한 공헌을 한다.

그런데 근본주의 신앙은 예수 그리스도의 십자가 사건의 의미, 즉 속죄론에서 형벌교체설에만 집착한다. 그래서 다른 속죄론의 의미를 축소하거나 거의 폐기하도록 만들었다. '형벌교체설'이란 우리 인간이 죄로 인해 받아야 하는 벌을 예수께서 대신 받으셔서 우리가 죄를 용서받고 하나님의 자녀가 되었다는 속죄론의 한 모델이다. 지극히 맞는 진리이며 그리스도인의 중요한 신앙고백도 이 형벌교체설에 기반하고 있다. 하지만 이것이 십자가 사건이 가진 의미의 전부는 아니다. 예수 그리스도의 십자가는 마귀에게 포획되어 있던 우리를 하나님이 되찾아 오신 사건이요(속량설), 예수께서 죄와 죽음과 마귀의 권세를 꺾으시고 승리하신 사건이며(승리자 그리스도설), 십자가에서 보여주신 그 감당할 수 없는 사랑이 우리에게 감화를 끼쳐 그 사랑을 본받게 하는 것이고(도덕적 감화설), 죄와 악에 찢기고 상한 인간의 심령을 치유하고 회복시키는 능력이 된다(치유와 회복설). 이 모든 것이 함께 조화를 이루어 한 사람을 건강하게 세워가며 사회에서 죄와 악과 원수의 권세에 맞서 하나님 나라를 회복하게 한다. 또 죄의 용서에 국한하지 않고 인간 내면에 남아있는 온갖 심리적, 영적 질병을 극복함으로써 전인(全人)으로 세워가게 해준다.

그러나 근본주의 신앙은 유독 '형벌대속설'에만 집착한다는 것이 문제다. 그 결과 어떻게 되는가. 그는 하나님의 심판을 피한 죄의 법정적 용서에 만족하며, 반복해서 짓는 죄를 회개하고 용서받는 것을 신앙의 초점으로 삼는다. 나아가 죽은 후 천국에 가는 것이 영생이라고 단편적으로 이해하게 된다. 물론 성경은 죄의 용서를 십자가 사건의 중요한 목적으로 선포하지만, 동시에 여기에 국한되지도 않는다. 초대교회의 위대한 교부 이레니우스가 말했듯이, 구원은 한 그리스도인의 총괄갱신(total recapitulation)을 통한 인생과 존재 전체의 재창조 과정이며 창조의 온전한 회복을 의미한다. 기독교의 구원은 개인적으로는 영육혼의 전인적 구원으로부터 시작하여 사회와 역사, 나아가 피조세계 전체의 구원이라는 광대하고도 심오한 스펙트럼을 갖고 있다. 그런데, 근본주의 신앙은 구원을 개인의 구원 그것도 죄의 용서에 국한하여 이해함으로써, 구원의 심오하고도 광대한 스펙트럼을 놓쳐 버리게 만드는 것이다. 복음의 깊이와 넓이와 높이가 얼마나 오묘하고 광대하며 측량할 수 없을 정도로 숭고할 수 있는지 헤아리지 못하는 것은 말할 것도 없다(엡 3:19).

자연히 근본주의 신앙은, 하나님 자신을 신실하게 추구하고 하나님 나라를 확장하는 일에 전념하기보다는 다른 비본질적인 것에 관심을 가지게 한다. 인간은 열망(desire)이 없이는 살아갈 수 없다. 신앙의 세계도 마찬가지다. 하나의 열망이 채워지면 그리스도인은 새로운 열망을 찾아나간다. 근본주의의 얄팍하고 단편적인 신앙 이해는 죄의 용서문제가 해결되었다고 느끼자마자, 새로운 열망을 찾아나간다. 더욱 심원하고 치열한 영육혼의 전인적 구원에 목말라 하지도 않고, 타락한 사회와 역사 전체를 회복하시려 자신을 불렀다는 거룩한 역사의식도 없고, 피조세계 전체의 탄식(롬 8:19-23)에 귀 기울이는 하나님 자녀의 부르심에 대한 자각도 결여되어 있다. 신학의 뼈대가 그러하기 때문이다!

이때 근본주의 신앙은 사람을 크게 세 가지 방향으로 이끈다. 첫째, 그리스도인을 도덕주의로 이끌거나 율법주의 신앙으로 이끌어가 자기와 타자를 정죄하게 만든다. 그만큼 생명의 영성이 빈약할 수밖에 없다. 둘째, 이런 틈을 타서 근본주의는 그 빈약한 영성에 불을 지펴, 특정 교리에 대한 헌신을 삼위 하나님 자신에 대한 사랑으로 착각하는 교리주의적 독단(dogmatism)에 빠지도록 성도를 몰아간다. 이것은 사실 신앙이 아니고 주관적 신념인데 근본주의 신앙에 빠져 있는 사람은 이를 분별하지 못하기 일쑤다. 셋째, 여기서 특정한 정치신념과 문화적 이슈에 집착하게 한다. 이렇게 되면 배타적이고 호전적이며 심지어 전투적이기까지 한 영성이 형성되어 이념이 신앙의 자리를 대신 차지하게 된다.

근본주의의 전투적 영성과 사회윤리

2022년 4월, 국민일보가 발표한 한국 교회 신뢰도는 18.1%로 나타났다. 작년 21.3%에서 이제 10%대로 하락한 수치다. 비개신교인 가운데는 8.8%만이 개신교회를 신뢰한다고 응답했다. 한국 교회를 신뢰할 수 없는 이유는 한국 개신교회에 대한 이미지를 물었을 때 더욱 명확하게 드러났다. 천주교의 이미지는 '헌신적', '희생적', '도덕적', '공감하는' , '진정성 있는', '배려하는' 등이며 불교는 '포용적', '상생하는' '보수적', '친근한', '엄숙한', '배려하는' 등이었다. 반면 개신교는 '배타적', '위선적', '물질적', '이기적', '세속적' 등의 이미지를 떠올렸다. 놀랍게도 개신교에 대해서는 건강한 이미지를 떠올릴 수 없다는 다소 충격적인 설문 결과가 나왔다. 특히 주목할 것은 설문 응답자가 개신교 하면 가장 먼저 '배타적'이라는 이미지를 떠올렸다는 것이다. 아마도 일부 기독교인들이 보였던 타종교에 대한 공격성과 호전성, 코로나 극복 과정에서 일부 교회가 보인 비합리적이고 비상식적인 태도, 사회 대다수 사람들이 가진 정서에 아랑곳 않는 반사회적인 행보 (백신을 거부하거나, 코로나 전염병의 엄중한 상황에서도 대규모 집회를 하는 등의 태도)가 그동안 개신교에 대해 막연하게 가졌던 배타적 인식을 확대시켰을 것이다.

그러면 한국 개신교의 일부 흐름이 가진 이러한 배타성은 어디서 기인한 것인가. 한국 개신교는 본래부터 한국 사회에서 배타적으로 인식된 종교가 아니었다. 1885년 4월 5일 한국 최초의 본격 개신교 선교사인 언더우드와 아펜젤러의 내한으로 한국 선교가 시작되었다. 이들은 한편으로는 예수 그리스도의 복음으로 한국 백성들의 영혼을 깨워내면서, 다른 한편으로는 당시 조선사회의 시대적 요구인 개화와 애국 계몽에 적극적으로 참여하여 사회 전체의 변화에 기여하게 된다. 소위 통전적(holistic) 복음 선교라 할 수 있다. 그래서 초기 선교사들은 교회를 중심으로 한 복음사역, 학교를 중심으로 한 교육계몽사역, 병원을 중심으로 한 구제와 봉사사역을 적극적으로 진행하고 한국 YMCA와 YWCA 등 다양한 기독교 시민단체를 설립하여 사회의 공동 유익을 추구하는 일에 앞장서게 된다. 이로 인해 초기 한국 개신교는 이미 들어와 있던 천주교의 배타적, 호전적 이미지와 달리 기독교의 본질적 가치인 사랑으로 조선사회의 전체 요구에 건강하게 부응하는 '백성 친화적' 종교로 인식되었다. 3·1만세운동을 이끈 민족대표 33명 가운데 16명이 개신교 인사요, 전국에 흩어진 개신교회가 이 운동에 적극적으로 참여한 것은 우연히 일어난 일이 아니다. 복음이 뿌려지는 시대와 역사의 아픔을 공감하며, 사회의 공동선(common good)에 적극적으로 이바지하고자 하는 한국 초기 개신교의 특성이 낳은 열매였다.

그런데 1930년대 제2차 평양 대부흥운동 이후 한국 교회의 기류가 달라지기 시작한다. 장기화되는 일제의 식민통치와 억압으로 교회는 염세적 전천년설적 세대주의를 받아들이게 됐고, 언더우드/아펜젤러 같은 초기 선교사들과 달리 세대주의적 근본주의 신앙에 깊은 영향을 받은 미국 선교사들이 들어와 선교활동을 강화하면서 한국 교회 안에 근본주의 신앙은 저변을 확대하게 된다. 그 후 6·25 전쟁의 비극을 겪으면서 한국 교회 안에서 근본주의 신앙은 반공주의와 결합하여 결정적으로 지평을 확대하였다. 이 과정에서 현대 미국 근본주의 신앙의 대부 격인 칼 매킨타이어(1906~2002)는 한국 기독교에 큰 영향을 주게 된다. 그는 미국에서 이미 자유주의 신학, WCC, 빌리 그래함의 신복음주의와 지속적으로 신앙적 전투를 벌이면서 미국 교회의 분열에 앞장선 전투적 근본주의 신앙의 대표자였다. 특히 한국에 대해선 친한파를 넘어 거의 집한파(縶韓派)라 불릴 정도로 한국 교회에 영향력을 확대하는 일에 집착했다. 그는 자신이 WCC와 신복음주의에 맞서기 위해 세운 ICCC (International Council of Christian Churches, 세계기독교교회협의회)를 중심으로 한국 교회 보수교단의 지도자들에게 직접적인 영향을 주게 된다. 결국 ICCC의 과도한 분리주의와 정치지향적 공격주의에 부담을 느껴 훗날 이들은 결별하지만 이미 그의 전투적, 공격적 성향이 근본주의 신앙인들에게 깊이 각인된 후였다.

이들은 교회론과 종말론에서도 역사적 개혁주의와는 달리 세대주의의 '분리주의 종말론'과 '역사적 전천년설적 종말론'

에 집착한다. 이를 통해 교회와 사회를 분리해서 보고, 세상을 그리스도의 사랑이 흘러 들어가야 할 선교 공간이라기보다 악과 마귀의 세력이 주도하는 전투의 대상으로 보는 세계관을 형성해 한국 교회 안에 정착한다.

정리하면 근본주의는 현대주의와의 싸움으로 시작되었기에 자연과학, 사회과학, 응용과학, 인문학 등 근대 이후 인간 지성이 만들어낸 모든 산물에 대한 부정적 인식이 팽배해 있다. 이들을 부정할 뿐만 아니라 전투적으로 대항하는 것이 신앙의 순수성을 지키는 것이란 인식이 만연해 있다. 여기에 반공주의에 대한 싸움이 더해져 근본주의는 기독교 안에서 가장 호전적이고 전투적인 신앙으로 자리잡게 되었고, 이 같은 근본주의 신앙의 흐름은 한국 교회가 배타적인 성향을 형성하는 데 지대한 영향을 미쳤다.

결론

근본주의 신앙은 한마디로 정의하기 힘든 부분이 있다. 탈역사적이고 초월적인 것 같으면서도 반공주의와 애국주의, 반동성애 등 특정 정치이념과 문화운동에 대해 적극적으로 대응하여 전투하는 역사몰입적 성격을 동시에 갖는다. 또한 성경에 대한 절대적 권위를 주장하면서도 성경 전체가 아닌 특정 부분에만 몰두하는 비성경적인 태도를 취한다. 매우 개인주의적이면서도 대단히 집단적인 응집력이 강하다. 바로 이러한 이유로 근본주의 신앙은 그 이념을 가진 사람조차도 자신이 근본주의 신앙인이라고 인정하기 어렵게 만든다.

하지만 바른 신앙 형성의 측면에서 볼 때 그리스도인 자신이 복음의 본류인 복음주의와 종교개혁 신앙, 그리고 2천 년 전통의 정통 기독교 신앙과 관련 없는 근본주의 신앙을 갖고 있는지의 유무는 어렵지 않게 분별할 수 있다.

첫째, 특정한 신앙과 신학, 정치이념, 문화운동에 대하여 비판을 넘어 호전적이고 전투적인 태도를 보인다면 이는 근본주의 신앙의 발호일 가능성이 높다. 그리스도교의 영성은 '사랑으로 역사하는 믿음'(종교개혁자 루터)의 토대 위에 세워진다. 요한복음 13:35은 "너희가 서로 사랑하면 이로써 모든 사람이 너희가 내 제자인 줄 알리라" 하고 말씀하셨다. 어떤 사람의 영성이 바른 기독교적 영성에 기반한 신앙인지의 여부는 그가 사랑의 영성을 견지하며 하나님의 일을 추구하는지 아닌지에 달려 있다. 그런데 근본주의 신앙은 진리의 사수를 표방하면서 끊임없는 분열과 갈등을 조장하고, 상대방에 대한 정죄와 전투적 영성을 기독교 신앙에 대한 충성으로 잘못 인식하고 있다. 물론 기독교 신앙은 무신론적 공산주의 혹은 북한식의 독재적 사회주의와 양립할 수 없다. 또한 창조신앙에 반하는 동성애를 찬성할 수도 없다. 하지만 자신의 정치적 신앙적 입장과 다른 흐름에 대해 적개심과 전투적 신앙을 부추겨 영성으로 다가가느냐, 아니면 인내심을 가지고 사랑의 영성으로 접근하여 진정한 변화를 유도할 수 있느냐는 다른 문제다. 이런 면에서 근본주의는 사람 안에 분노, 두려움, 불안, 의구심을 불어넣어 그것을 따르는 사람을 움직이려 한다는 점에서 우리가 깨어 주의해야 할 영적 흐름이다.

둘째, 앞서 말했듯이 근본주의는 현대가 낳은 과학적, 이성적 산물을 부정하는 경향이 강하다. 그래서 현대신학은 말할 것 없고 현대 물리학 등의 자연과학, 의학 등의 응용과학뿐 아니라 심리학, 철학 등의 인문학과 사회과학적 산물을 부정한다. 근본주의 자체가 현대주의에 대한 저항으로부터 형성되었기 때문이다. 이로 인해 근본주의 신앙은 부지불식간 배타주의와 독선주의로 흘러가기 쉽다. 하지만 이는 역사를 주관하고 섭리하시는 하나님을 근본부터 부정하는 태도이다. 하나님은 분명히 현대의 급격한 세속주의 흐름에서도 역사를 이끌어 가며, 세속역사 안에서 세속역사를 통해 구원의 역사를 이루어감으로써 당신의 나라를 확장해 가신다. 그렇다면 현대가 낳은 다양한 이성적 합리적 산물들은 구원받은 이성으로 여과해서 수렴해야지 무조건 저항하거나 거부할 일이 아니다. 이런 면에서 근본주의 신앙은 지성적 영성적으로 게으르다 할 수 있다. 기도와 말씀을 통해 구원받은 이성으로 여과하여 감사함으로 받으면 버릴 것은 없다(딤전 4:4~5). 인문학, 사회과학, 철학, 과학 등 모든 것은 합력하여 하나님의 경륜을 이루는 데 사용될 수 있다(롬 8:28). 이것이 복음의 능력이요 자신감이다! 그런데 근본주의는 종교개혁 전통의 하나인 특정 신학 흐름을 절대화하여 나머지 정통신학을 전면 부정한다. 우리는 이 점을 경계해야 한다.

셋째, 근본주의는 성서 중심적인 것 같지만 성경 66권 전체에 흐르는 보편적 가치들을 통합적으로 다루지 못하고 있다. 성경은 이념적으로 보수와 진보의 가치를 고루 간직하고 있다. 자유, 정직, 성실, 근면, 경건, 애국 등 보수의 가치와 개방성, 유연성, 평등, 복지 등 진보의 가치를 포괄한다. 지구온난화 문제나 박애 등 이념을 뛰어넘은 가치도 있다. 반면 근본주의는 반공주의와 같은 특정 이념에 함몰하여 보편적 성서 중심 신앙을 벗어나 있다. 만일 성경이 가진 폭넓은 스펙트럼을 충분히 이해했다면, 결코 특정 정치이념을 절대화해서 나와 생각이 다른 사람을 정죄하거나 심지어 마귀화할 수는 없을 것이다. 성경의 폭넓은 스펙트럼을 존중한다면 자연히 대화와 타협, 포용과 개방이 가능한 신앙을 가질 수밖에 없다. 그렇기에 초대교회의 위대한 교부 어거스틴은 '본질에는 일치를, 비본질에는 관용을, 모든 일에 사랑을'이라는 중요한 모토를 교회에 제시했던 것이다.

이런 점에서 한국 교회는 부지불식간 들어온 누룩 같은 근본주의의 폐해를 직시하고, 신학과 신앙 안에서 이 근본주의 영성을 극복하려는 노력이 적극적으로 필요한 때이다. 이를 통해 한국 교회의 선교 지형은 확대될 것이며 민족 복음화와 하나님 나라의 확장은 가속화되어 갈 것이다.

"신화와 끝없는 족보에 몰두하지 말게 하려 함이라 이런 것은 믿음 안에 있는 하나님의 경륜을 이룸보다 도리어 변론을 내는 것이라 이 교훈의 목적은 청결한 마음과 선한 양심과 거짓이 없는 믿음에서 나오는 사랑이거늘 사람들이 이에서 벗어나 헛된 말에 빠져 율법의 선생이 되려 하나 자기가 말하는 것이나 자기가 확증하는 것도 깨닫지 못하는도다"(딤전 1:4~7).

근본주의를 넘어서
하나님 나라와 선교적 교회로

한국일 목사(장로회신학대학교 은퇴교수, 선교학)

서론

한국교회 신앙은 70%, 학자에 따라 90%가 근본주의적 신앙을 갖고 있다고 평가한다. 물론 이런 주장이 반드시 한국교회와 일치한다고 보기는 어렵다. 한국교회 신앙의 성격을 보면 대부분 보수적인 것은 맞는데, 그 중에 근본주의와 보수적 복음주의, 복음주의를 구별하는 것이 쉽지 않다. 학자에 따라 한국교회 신앙은 복음을 전해준 선교사들이 미국의 제2차 각성대회의 주역을 담당했던 무디의 영향을 받은 사람들로서 근본주의적 신앙을 가졌다고 평가하는가 하면, 다른 입장은 그 당시는 아직 미국에 근본주의 신앙운동이 발생하기 이전으로 부흥과 회개운동으로 그 영향을 받았다고 주장하기도 한다. 공식적으로 근본주의 신학은 1920년대 미국에서 발생하였기 때문에 이후에 온 선교사들은 가능하지만 초기 선교사들은 청교도신앙과 부흥운동의 영향을 입었을 것이라고 생각한다.

한국교회에 가장 넓고 강하게 영향을 미친 신학은 근본주의 신학이다. 한국교회가 근본주의 신앙을 갖게 된 이유에 관해서는 아직 논쟁 중에 있다. 근본주의 신학의 영향을 받은 미국 선교사에 의해서 이식되었다는 주장이 있으나, 다른 입장은 선교사의 신학은 근본주의가 아니라 온건한 복음주의 신학의 배경이라고 주장하기도 한다. 전자를 주장하는 입장은 한국교회가 대부분 근본주의적 영향을 입은 것이 선교사의 편협한 신학 때문이라는 것이며, 후자는 선교사의 신학을 근본주의가 아니라 복음주의로서 미국에서 내한한 초기 선교사들은 아직 근본주의 신학의 영향을 받기 이전 시대로서 제2차 각성운동의 영향을 받았으며, 복음주의 운동이 지향하는 폭넓은 선교관을 실천하였다고 주장한다. 실제로 내한 선교사들은 영혼구원을 강조하였으나 그것과 함께 교육을 통한 문맹퇴치와 지도자 양성, 의료 활동, 생활양식의 개선 등 온건한 차원에서 개인구원과 사회적 발전을 선교활동으로 포함하고 있었다.

한국 개신교는 근본주의 또는 보수적 복음주의 성향으로 인하여 80년대까지 짧은 시간 내에 국내에서 급격하게 부흥, 성장하였지만, 바로 그 근본주의 성향이 이제는 반대로 국내와 해외 지역에서 선교를 어렵게 하는 장애요인이 되고 있다. 개신교 선교가 시작되던 시기는 한국사회가 정치, 경제, 사회 전반에 걸쳐 심히 어려운 상황이었다. 19세기 말 서구 열강이 전 세계에 식민지를 세우던 시기에 한국은 지정학적으로 강대국에 둘러싸여 국가상황이 풍전등화와 같은 위태로운 시기였으며, 더욱이 일본으로부터 침략의 위협을 받고 있었다. 서구 열강들과 외교관계를 맺기 시작하였지만 누구도 진정으로 한국의 입장에 서 있는 우호국은 아니었다. 이런 상황에서 미국으로부터 내한한 선교사들로 인해 복음이 전파된 이후 짧은 기간에 엄청난 수용성으로 전국으로 확장된 것은 당시 한국의 상황이 얼마나 절박하였는가를 보여주는 단적인 예이다. 당시 기독교 신앙을 갖는다는 것은 개인이 구원을 받을 뿐 아니라 국가의 존망에 직면하여 유일한 대안으로 선택하였다. 선교 초기 및 일제 강점시기에 온 세상을 통치하시는 하나님의 주권에 대한 신앙은 일제의 탄압으로부터 해방과 독립에 대한 희망을 갖게 하였으며, 성경에서 발견한 출애굽 사건은 한국교회에 중요한 신앙의 토대를 형성하였다. 어쩌면 개신교는 이런 극한 상황에 직면한 한국 상황에 유일한 희망으로 보였다.

물론 기독교 배경 뒤에는 근대화된 서구 국가들의 종교라는 점에서 그들의 국력과 문명에 대한 매력적인 요소도 작용하였으나, 오랫동안 강대국에 치여 살았던 한국인들에게 기독교는 개인의 문제뿐 아니라 국가가 직면한 비극적 운명을 새롭게 만들어 줄 힘이라고 생각하였다. 기독교는 처음부터 내세의 구원만 아니라 사회를 개혁하는 현실적인 힘으로 받아들였다. 구한말 무너져 가는 대한제국을 바라보면서 몰락한 왕족과 양반들이 죽어가는 국가를 살릴 수 있는 최고의 명약을 찾고 있었을 때 누군가 구약과 신약이 유일한 약이라고 소개하였고, 그것이 왕족으로 하여금 기독교 신앙을 갖게 한 계기가 되었다. 이런 사례들은 기독교에 대한 한국인의 현실적 기대감이 얼마나 컸던가를 짐작케 한다.

한국에 전파된 개신교는 보수적 신앙의 강력한 힘으로 한국인들의 마음을 파고들었다. 그러나 선교적 관점에서 보면 초기 개신교 신앙을 형성하며 선교활동의 동력이 되어 온 보수적 또는 근본주의적 신앙의 이중적 역할을 잘 이해하고 진단하여 그 부정적인 면을 극복하지 않으면, 이제 개신교는 한국사회에서 선교는 물론 존재 자체가 어려워질 것이라고 생각한다.

한국교회 선교의 특징: 근본주의 신앙의 영향을 받은 선교

한국 개신교를 지배하는 신앙은 대부분의 역사학자들이 공통적으로 언급하는 바와 같이 보수적 신앙을 넘어 근본주의적 성격이 강하다. 한국 개신교의 특성을 보자면 내세 중심의 구원론, 방주적 교회론, 타종교에 대한 배타성, 편협한 신앙관, 교리를 강조하는 분리주의적 특성, 공격적 전도와 선교 방식 등과 같은 전형적인 근본주의 신앙에서 볼 수 있는 내용들이, 대부분의 한국교회 선교의 주력형태이다. 물론 이런 평가가 다른 형태의 선교를 함께 매도하려는 것은 아니다. 예를 들면 한국교회 선교초기부터 중국 산동성 선교나 러시아 지역의 선교를 현지 교단과 협력관계에 근거하여 수행하였다. 그러나 선교초기 선교와 달리 한국교회가 점점 일반적으로 근본주의적 성향을 갖게 된 이유는 1930년대 후반에 미국의 근본주의 신학을 배우고 돌아온 학자들의 영향과 정치, 종교, 문화적으로 한국사회가 처했던 절박한 상황으로 인해 근본주의적 성향을 더 선호하거나 강화되었을 것이다. 한국교회는 처음부터 기존의 불교나 유교에 비하여 '힘 있는 종교', '강한 종교'로 출발하였으며, 이런 성향이야 말로 개신교의 급속한 성장의 동력으로 작용하였다. 근본주의 신앙이 선교에 미친 영향들을 살펴보자.

선교의 목표로서 개인(영혼)구원을 강조

한국에 온 초기 미국선교사들은 대부분 제2차 각성운동을 통해서 영향을 받은 사람들이었다. 그렇기 때문에 선교에서 강조한 것은 회개와 영혼구원이었다. 여기에 정치 사회적으로 어두웠던 한국의 상황이 심리적으로 작용하였다. 그것은 1919년 삼일 운동의 실패와 그 이후 더욱 강화된 일제의 탄압으로 독립의 희망을 가졌던 사람들은 현실에 희망을 상실하게 되자, 이용도 목사 같은 신비주의적 종말론자들에 의하여 기독교 신앙은 신비주의와 곧 오실 예수의 재림을 고대하는 내세 중심의 종말론적 신앙이 강조된다. 이러한 종말론적 신앙은 한국교회에 오랫동안 작용하여 70년대까지 전국적으로 확산되었던 심령 부흥회의 핵심 주제였다.

한국교회의 선교는 예수 재림을 강조하는 전천년적 설교가 중심 메시지였고, 어떤 면에서는 마가복음 16장에 나오는 본문 "전 세계에 복음이 전파된 이후 예수가 재림하신다"는 내용을 문자적으로 이해하여 예수의 재림시기를 앞당기기 위해서라도 전도와 선교를 강조하게 되었다. 전천년설에 근거한 임박한 종말론은 세상을 변화시키기보다는 악으로 가득한 비관적 세계관과 태도를 갖게 한다. 그리고 상대적으로 교회를 방주와 도피처로 인식하면서 교회중심적 신앙을 형성해왔다. 사회와 가정에서 박해 받는 그리스도인들에게 교회는 유일한 안식처였으며, 이런 특성은 자연스럽게 모이는 교회를 강조하는 교회중심적 신앙관을 형성하였다. 교회를 중심으로 주일성수와 수요예배, 금요기도회와 새벽기도 외에도 교회에서 개최하는 다양한 구역모임과 성경공부에 성도들이 참여하는 것은 처음부터 교회를 중신으로 한 신앙관이 형성되었기 때문이다. 이러한 교회중심적 신앙은 교파주의와 함께 개교회주의를 강조하는 한국교회의 특성으로 더욱 강화되었다.

방주적 교회론

19세기의 선교는 개인구원과 교회개척이 활동의 중심을 이루었다. 한국에서의 선교 역시 예외가 아니었다. 개인구원과 함께 교회를 개척하고 성장하여 자립을 실현하는 것이 선교의 목표였다. 네비우스 원칙으로 알려진 삼자원리(자립, 자치, 자전)가 한국에서 유례없는 성공을 거둔 것은 특이할 만한 사항이다. 교회개척은 선교사들이 강조하였지만 이러한 선교전략을 한국교회와 성도들이 매우 자발적이며 헌신적으로 응답한 결과이다. 교회개척은 많은 경우에 한국교회 성도들에 의해 실천되었다. 이렇게 교회가 강조된 것은 선교 초기부터 강조한 선교관뿐만 아니라 한국교회의 역사적 상황도 함께 작용하였다. 교회는 구원의 방주, 속된 세상으로부터 구별된 거룩한 성전으로 이해되었다. 여기에 교회 건물을 예배당으로 부르면서 하나님에 대한 열심과 헌신과 동일시되었다. 한국사회가 기존의 불교와 유교, 민간신앙이 존재하였던 다종교 사회이며, 사회적으로 또는 가정에서 핍박을 받았던 현실을 고려하면, 교회건물은 한국교회 성도들에게 유일한 피난처이며 안식처 역할을 하였다. 이러한 건물 중심의 교회론은 세상 안에서의 하나님의 활동을 보지 못하고 신앙을 교회 안에서의 예전적 행위로만 제한하는 결과를 가져왔다.

"성경기독교"의 이중적 현상

한국교회는 선교초기부터 성경을 중심으로 신앙생활을 영위하였다. 교회사가들은 이러한 한국교회를 "성경 기독교"라고 부르고 있다. 한국 교회는 미국에서 선교사들이 오기 이전 에로스역으로 불리는 한글성경과 이수정 역본을 가지고 있었다. 언더우드 글을 보면, 선교사가 한 번도 전도한 적이 없는 평안도 지역의 교인들 30여명이 모여 세례 받기를 원하는 서한을 보내었는데 이들은 모두 성경을 구입하여 읽고 공부하다가 신앙을 갖게 된 자생적 그리스도인이었다. 선교사들이 본격적으로 내한하면서 선교활동이 활발하게 전개될 때 그것을 촉진한 활동은 사경회였다. 사무엘 마펫 선교사가 1910년 에딘버러에서 한국교회를 소개하는 내용을 보면, 당시에 이미 전국적으로 사경회 운동이 조직되어 진행되고 있었다. 이렇게 성경이 신앙의 중심이 된 것은 허드슨 테일러가 중국에서 활동할 때 경전을 중시하는 중국인들을 보면서 그들 손에 경전 대신 성경을 들려주면 앞으로 세계에서 중국인들이 가장 신실한 그리스도인이 되겠다고 말한 예언이 중국이 아니라 유교문화에 깊은 영향을 받은 한국에서 실현된 것이다. 길선주 목사가 성경을 오백 번 통독하며 계시록을 일만 번 통독한 것으로 알려진 것은 성경통독이 한국교회에서 중요한 신앙의 전통이 된 것을 단적으로 보여주는 예이다. 이런 전통은 지금도 남아 있는데, 그 이면에는 하나님의 말씀으로서의 성경의 절대적 권위와 축자영감설에 근거한 성경무오설과 같은 이론이 뒷받침하고 있기 때문이다.

다종교와 평화로운 공존을 거부한 배타적 신앙

한국교회는 함께하는 타종교에 대하여 매우 배타적이며 공존하는 것을 어려워한다. 그것은 처음부터 그런 것은 아니었다. 장로교회가 1913년 중국 산동성에 선교사를 파송하여 중국인들에게 복음을 전한 것은 그 선교의 동기가, 중국이 한국에 유교를 전해주어 동방예의지국이 되게 한 것에 대한 감사의 마음에서 예수의 복음을 전한다고 하였다. 그러나 전반적으로 한국교회는 함께 공존하는 타종교에 대해서는 배타적이며 공존이 불가능한 것으로 여기는 편협한 선교관을 갖는다.

선교의 동기나 열정은 타종교에 대한 배타성과 비례한다. 개신교의 배타적 구원론과 함께 기독교로의 개종은 이전에 믿었던 불교와 유교, 민간신앙을 버리고 새로운 신앙을 갖는 것을 의미하였다. 그렇기 때문에 기독교 신앙을 가진 이후에 떠나온 옛 신앙과 함께하는 것은 불가능하다고 여긴다. 한국인의 기질은 종교다원주의적 성향을 가진 주변국과 다르게 여러 종교를 같이 섬기는 것이 아니라 한 종교만을 선택하는 것을 강조하기 때문에 결과적으로 다른 종교에 대한 강력한 배타적 태도를 갖는 성향이 있다.

이런 개신교의 배타적 구원론은 더 나아가 공격적인 선교관 형성의 원인이 된다. 타종교에 대한 배타적 태도가 선교를 향한 열정의 동기가 되기도 한다. 해외 선교 프로그램으로 행하는 땅 밟기, 타종교 사원 앞에서 통성으로 기도하기, 백 투 예루살렘 등은 주로 선교단체들에 의해 진행되지만 적지 않은 교회들이 단기선교 때 행하는 프로그램이다. 이런 활동은 한국교회 선교의 익숙한 프로그램으로 전형적인 근본주의의 전투적 신앙을 선교에 적용한 사례이다. 신앙과 선교에 열심을 가질수록 전투적이며 공격적이 되는 것이 한국 근본주의적 개신교의 특징이다. 한국의 개신교는 다종교사회에서 다른 종교와 평화로운 공존의 관계에서 선교하는 것을 신학적으로나 선교적으로 배우지 못하였다. 타종교와 평화로운 공존에서 선교하는 건강한 종교신학이 형성되지 못하였기 때문이다.

친자본주의 성향을 가진 한국 기독교

한국의 근본주의와 보수 교회들이 세계교회협의회(WCC)를 거부하는 가장 큰 이유 중 하나는 용공단체라는 비난이다. 한국기독교는 한국전쟁을 통해서 공산주의의 부정적 경험이 컸기 때문에 반공주의 이념으로 강하게 무장되어 있다. 이런 성향으로 건강한 사회주의조차 받아들이지 못하며, 사회 각 분야에 균형을 추구하는 진보진영을 공산주의와 동일시하며 거부한다. 자본주의가 가진 가장 큰 문제 중 하나는 부의 양극화 현상이다. 자본주의의 이런 독성을 해결하기 위해서는 부의 생산뿐만 아니라 공정한 분배를 위하여 북유럽 국가들이 실행하는 사회주의적 성격이 보완되어야 한다. 독일의 보수정당의 하나인 기독교사회당(CSU)은 정치적 보수성을 가졌음에도 기독교와 사회주의를 결합하여 자본주의 불균형 문제를 해결하려고 한다.

그러나 한국사회는 전형적인 미국식 자본주의 체제를 받아들였기 때문에 북유럽 국가들과 같은 좌우의 균형을 이룬 건강한 사회를 형성하지 못하고 있다. 여기에 교회들은 더 나아가 성장 이데올로기가 제공하는 현세의 물질적 축복을 추구하고 있기 때문에 신앙에 열심을 가질수록 세상이 주는 탐욕에 더 영향을 받는 경향이 있다. 보수교회와 그리스도인들이 극우성향을 보이는 것도 같은 이유이다. 한국교회의 급성장은 경제성장 시기에 함께 실현되었다. 이런 현상은 한국교회가 성공과 치부와 같은 세속적 가치를 신앙의 이름으로 수용하여 추구하게 하였다. 특별히 이런 현상은 70년대 급성장한 대형교회들과 목회자들에게서 두드러지게 나타난다. 교회가 현 사회체제의 모순을 발견하고 건강한 사회로 변화되는 일에 참여하기보다 오히려 사회의 기득권층 의식을 가지고 현 체제를 고수하며 변화를 거부하는 모습을 보이고 있다.

근본주의를 넘어서 진정한 하나님 나라와 선교적 교회를 회복하는 길

한국교회를 지배하고 있는 근본주의적 성향을 극복해야 하는 이유는 이러한 신앙과 사고가 성경을 편협하게 그리고 왜곡된 해석과 적용으로 시대와 소통하지 못하는 절대적 교리로 받아들여 수많은 교파분열과 배타적 태도는 사회적으로 공신력을 약화시키는 원인이 되고 있기 때문이다. 근본주의 신앙은 현실사회와 적절한 관계를 설명하지 못하기 때문에 교회생활과 사회생활을 분리하는 이중적 신앙을 형성하였다. 선교 초기에 한국사회에 희망을 주었던 강력한 신앙이 교회와 선교에 활력으로 작용하였지만, 이제는 그 역기능이 너무 심하게 부정적으로 작용하여 개신교의 이미지는 밑을 모르고 추락하고 있다. 오늘의 상황에 선교적 교회와 그리스도인이 되기 위해서는 위에서 언급한 편협하고 배타주의적 근본주의 신앙을 극복하고 새로운 개신교의 정체성과 선교관을 정립해야 한다.

1) 하나님 나라 신앙회복

선교의 목표는 예수의 복음 선포(막1:15)에서 드러난 것과 같이 하나님 나라이다. 구원은 하나님 나라를 향해 출발하는 시작이다. 그런데 한국교회는 평생 구원을 얻기 위해 신앙생활을 하는 것 같다. 개인의 영혼구원을 평생의 신앙의 목표로 삼는다면, 기독교신앙은 매우 단편적이며 개인적 차원을 넘어서지 못한다. 더욱이 구원을 내세에 주어질 천당으로

만 이해하면 하나님 나라의 현재성은 약해지고, 교회는 세상에 대하여 도피적이거나 심판자와 같은 태도를 취할 수밖에 없다. 신앙과 선교에 열심일수록 이러한 현상이 더욱 강화된다. 선교는 하나님의 사랑에 대한 응답으로 예수님이 선포한 하나님 나라 복음을 증거하고 실천하도록 세상으로 보냄을 받은 행위이다. 선교는 하나님을 변호하는 것이 아니라 인간과 세상을 변호하는 행위이다.(창18:22) 산 안토니오 선교대회(1989)에서 언급한 바와 같이 교회와 그리스도인은 세상에 대하여 심판자의 자리가 아니라 증인의 자리에 세워졌다. 한국교회는 구원의 특별한 사건을 온 세상을 향한 하나님의 보편적 사랑(요3:16)으로 세상을 바라보아야 한다. 구원이 하나님의 선택에서 이루어진다고 하여 그 한 사람에게만 제한적인 것 같은 배타적인 사랑이 아니다. 구원받은 그리스도인은 하나님을 믿을 뿐 아니라 하나님 나라의 가치를 실현하는 사람이다. 그리스도인은 정의와 평화, 생명존중을 실천하며 특히 약자와 동일시하신 예수를 구원자로 믿고 또한 그의 삶을 따르는 사람이다.

2) 공교회 회복과 교회론의 확장

한국교회의 문제는 대럴 구더가 언급한 바와 같이 축소주의적 신앙관과 교회론에 있다. 구원의 방주, 교회와 세상을 성속으로 분리하는 이원론적 교회론, 건물 중심의 교회론 등이다. 교회론은 신앙의 넓이와 깊이를 결정한다. 편협한 교회론은 신앙의 범위를 제한한다.

한국교회는 교파주의와 개교회주의로 출발하였기 때문에 개교회가 강화되었지만 공교회 이해가 부족하다. 자신이 속한 교회경험을 교회의 전부라고 생각하는 경향이 있다. 교회의 우주성, 즉 교회는 예수 그리스도의 몸이며 만물 안에서 만물을 충만하게 하는 그리스도의 충만함이 교회가 서 있는 토대이다(엡1:23). 주님의 교회를 사랑하는 것과 교회 자체를 목적으로 삼는 교회절대주의는 구별된다. 선교는 근본적으로 하나님의 선교이며 교회는 자신의 인식과 경험보다 더 크고 넓은 하나님의 선교에 참여하도록 부름을 받은 공동체다.

사도행전 10장에서 고넬료를 통해서 베드로와 예루살렘 교회를 유대인 중심의 구원관과 교회관으로부터 이방인과 세계 선교를 향해 인도하신 것을 주목해야 한다. 현실적 교회는 인식과 경험에서 언제나 시대와 상황의 제약 속에 있다. 그렇기 때문에 교회보다 앞서 가시며 교회를 인도하는 하나님의 선교에 참여하는 것이 우리의 선교이다. 교회의 사명은 교회 자체에 있지 않고 세상의 변화에 있다. 세상 속에서 하나님 나라를 증거하고 변화를 실현하는 것이 선교적 사명이다.

3) 메시지와 메신저가 일치하는 선교

한국교회는 복음의 불모지에서 시작하였기 때문에 복음을 들려주는 것을 전도와 선교에서 중요한 활동으로 인식하고 실천하였다. 이런 전도방식은 적어도 70-80년대까지 매우 효과적으로 작용하였다. 짧은 기간에 교회가 성장할 수 있었던 것은 초대교회부터 한국교회가 사회로부터 신뢰를 받았기 때문에 가능한 일이었다. 복음을 전하는 그리스도인과 교회공동체의 사회적 공신력은 선교를 실현하는 데 있어 매우 중요한 인프라다.

그러나 90년대부터 한국교회의 사회적 공신력이 약화되기 시작한다. 이런 현상은 아마도 교회가 급성장하는 과정에 세속주의 영향을 받은 결과일 것이다. 세상은 교회가 전하는 메시지와 메신저 사이에 일치하지 않는 모순을 보고 있다. 교회가 성장하고 대형화 할수록 오히려 교회의 윤리적 상황은 사회적 상식에도 미치지 못하는 것처럼 보인다. 교회는 이제 메시지를 원하는 것이 아니라 올바른 메신저를 원하고 있다.

전도와 선교를 주로 교회의 특별한 활동으로 수행해온 기존의 선교방식에 전환이 와야 한다. 이제는 복음을 말로 전할 뿐 아니라 삶으로 보여주어야 한다. 그동안 교회의 활동으로 전도하였다면, 이제는 지역사회와 직장과 사회의 각 분야에서 일상의 삶을 통해서 복음의 실현을 보여주어야 한다. 사회의 이런 요구는 우리 시대에 적합한 선교방식일 뿐 아니라 교회와 성도들의 성숙함을 이루는 계기가 된다.

4) 다종교 사회에서 평화로운 공존에 근거하여 사랑과 관용을 품고 실천하는 선교

한국사회는 다종교사회이며 다양한 가치관이 공존하는 다문화사회이기도 하다. 더욱이 점점 우리 사회에 이주민이 증가하면서 다민족 사회로 이전하고 있다. 이런 현상은 시간이 갈수록 더욱 증대될 것이다. 한국교회는 위에서 언급한 바와 같이 다종교사회에서 기독교의 정체성을 지키면서 선교하는 방식을 배우지 못하였다. 기독교를 선택할 때 다른 종교에 대한 배타적 태도를 함께 가지고 있기 때문이다. 이런 점에서 한국 개신교는 다종교에 대하여 공존하기를 어려워하며 특히 선교관이나 정책에 그대로 드러난다. 선교가 가장 힘든 이슬람 국가들에게 선교사를 파송하며 막대한 재정지원을 하고 있으나, 막상 우리나라를 찾은 무슬림들을 적대시하는 이중적인 태도를 갖는다. 한국교회는 신학적으로는 편협한 종교이해를 가지고 있으나, 역사적으로는 삼일운동 당시 불교와 천도교와 함께 민족의 독립을 위하여 협력한 사례가 있으며 현실적으로 가정과 학교와 직장에서 다종교인과 함께 일상을 보내고 있다. 한국사회가 점차적으로 다민족, 다종교, 다문화 사회로 이전하는 중이고 또한 이런 현상은 세계적 추세이기 때문에 한국교회는 이제껏 다른 가치나 낯선 상대를 대할 때 지녔던 이중성을 극복하고 사랑과 관용으로 대하면서 선교하는 법을 새롭게 배워야 할 것이다.

5) 마지막으로 한국 개신교는 강하고 힘 있는 종교에서 자기를 비우는 예수의 십자가의 영성과 삶을 받아야 한다.

한국교회 초기에 교회는 사회적으로 소수자에 머물렀지만 성장과정을 거치면서 사회 전반에 적지 않은 영향력을 미치는 세력이 되었다. 그러나 이런 영향력을 특권의식이나 지배자의 논리와 동일시하는 경우가 발생한다. 이것은 교회와 그리스도인의 신앙의 토대가 되는 십자가의 영성에 대한 무지 또는 왜곡에서 비롯된 것이다. 기독교인의 사회 영성에 대한 오해가 이런 결과를 초래한다. 현대 한국교회의 도덕적 위기는 단지 기독교 지도자들의 비도덕적 행위에 있지 않다. 근본적인 문제는 그러한 행위를 유발하게 된 한국 교회의 영성이

병들었다는 사실이다.

한국교회는 전투적인 십자군의 영성에서 십자가의 영성으로 전환해야 한다. 참된 기독교 영성 회복은 십자가의 영성에 대한 바른 이해로부터 주어진다. 선교는 교회를 전하는 것이 아니라 예수님을 증거하는 것이다. 근본주의 신앙은 힘 있는 기독교를 만들어 내는 것처럼 보인다. 그러나 복음의 참된 힘은 교회 내적으로 형성되어야 하며, 사회와 타인에 대하여는 사랑과 겸손, 관용의 표현으로 나타나야 한다. 한국교회가 성장하고 외형적으로 사회에서 영향력이 드러날지라도 정교가 분리된 세속사회와 다종교사회에서 복음을 증거하고 실천하는 일에 있어서 가장 바른 영성은 십자가의 영성이다. 그것은 물질적 탐욕과 세상적 인기와 권력의 유혹으로부터 벗어나서 하나님 안에서 강하지만 세상을 향해서는 연약함으로 섬기며 증인으로 살아가는 "연약함의 신학", "십자가의 영성"을 회복해야 한다. 그래서 진정한 선교는 공생애 중에 가난한 자, 소외된 자들과 함께하며 십자가에서 보여주신 사랑과 희생을 담당하는 예수의 삶을 실천하며 증거하는 것이다.

기독교 근본주의와 한국 정치

박성철 목사(하나세정치신학연구소 소장)

서론

오늘날 한국교회가 직면한 가장 큰 위기는 시민사회 영역으로부터의 신뢰를 상실했다는 것이다. 이 위기의 주원인은 근본주의 대형교회들의 다양한 종교 병리학적 증상들이다. 하지만 한국교회 내 근본주의자들은 현실을 직시하기보다는 이를 외면하려 한다.

이는 종교 사회학적 측면에서 한국교회 내 근본주의의 '정통주의 신앙에 대한 집착'과 연관되어 있다. 교회사에서 소위 '정통' 교리를 적립하기 위한 노력은 특별한 것이 아니지만,

오늘날 한국교회 내 기독교 근본주의가 집착하는 '정통'은 19세기 후반에서 20세기 초반에 미국을 중심으로 형성된 근본주의를 의미한다. 미국의 기독교 근본주의는 19세기 유럽 사회의 변화에 대한 거부감에서 시작되었기에 전근대적 세계관과 문자주의로 강화한 가치 체계를 지향한다.

기독교 근본주의는 신학적 토론이나 담론의 전개 과정에서 형성된 것이 아니라 사회·정치적 변화에 대한 반감에서 형성된 것이다. 이러한 시대적 한계는 오늘날 다양한 문제점을 드러내고 있다. 특히 전근대적인 미국 사회를 이상화하고 낡은 정치 이데올로기를 절대화하는 오류는 종교 사회학적인 측면에서 매우 심각한 문제이다. 2021년 미국 국회의사당 습격 사건에서도 알 수 있는 바와 같이 극우 정치세력과 쉽게 결탁하는 근본주의의 특성은 민주주의의 발전에 큰 장애물이다.

문제는 이러한 근본주의와 극우 정치세력의 결탁이 결코 남의 나라 이야기가 아니라는 데 있다. 이미 개발 독재 시대에 군사독재 세력과 결탁하여 그 비호를 받았고 그 아래서 급속하게 성장한 한국교회는 과거의 잘못과 명확한 작별을 고하지 못한 상태이다. 코로나 팬데믹 속에서 2020년부터 본격화되고 있는 전광훈 현상과 극우 기독교 세력의 과잉 대표 현상은 이를 잘 보여주고 있다. 만약 한국교회가 근본주의의 문제를 해결하지 않는다면 한국교회의 몰락을 피할 수 없을 것이다. 그러므로 근본주의의 특징과 폐해를 정치신학적 측면에서 비판하는 일은 기독교 근본주의가 가져올 파국을 피하기 위한 첫걸음이라 할 수 있다.

기독교 근본주의의 특징

개발 독재 시기에 한국교회의 주류로 자리 잡은 기독교 근본주의자들은 자신들의 신앙 체계를 정통주의(orthodoxy)로 규정을 하였다. 하지만 사실 근본주의와 전통적인 정통주의(traditional orthodoxies)는 분명하게 다르다. 사전적 의미로 근본주의는 "과거의 사건들, 텍스트들, 권위 있는 인물들에게 호소하고 특정한 집단을 보호하는 다양한 교리, 이야기 또는 법률을 미래에 투영하는 현대 종교 운동"을 의미한다. 하지만 현실에서 종교 운동으로서 근본주의는 어떤 사상이나 원칙 혹은 이념에 대한 엄격한 복종과 신앙적 고수를 강조하며 "종교적 신앙, 도덕적 이념, 정치적 신념, 이데올로기적 강령의 뿌리를 수호하고 방어하려는 태도"에 더 가깝다. 근본주의는 경전에 대한 문자주의(Literalism)에 기초해 있다. 기독교 근본주의자들은 성서에 대한 문자주의적 해석이 성서의 진리를 그대로 표현하고 있다고 확신한다.

미국 내 기독교 근본주의의 기원은 19세기 천년 왕국설과 함께 부상하였던 보수적인 개신교 운동에서 찾을 수 있다. 이 운동은 성서에 대한 문자적 이해, 임박한 예수의 재림, 동정녀 탄생, 부활, 속죄 등을 강조하며 노동 불안, 가톨릭 이민자의 증가, 성서 비평에 위협을 느낀 보수적인 개신교인들을 중심으로 1890년대까지 확대되었다. 새로운 세기의 도래와 함께 일시적으로 약화하였던 근본주의 운동은 1910년에서 1950년 사이 미국 프린스턴대학교에서 발행된 잡지 「근본: 진리를 향한 증언」(The Fundamentals: A Testimony to the Truth)과 함께 다시 그 영향력을 발휘하기 시작하였다. 이 잡지에는 당시 과학적 발전, 근대주의와 다원적 문화를 반대하는 짧은 논문들과 평론들이 수록되어 있었는데, 이후 '다섯 가지의 기독교 교리들'(성서 무오영감설, 그리스도의 동정녀 탄생, 속죄, 부활, 기적적인 능력)과 문자주의(Literalism)를 결합하여 교조화하였다. 20세기 후반에 근본주의자들은 텔레비전을 통해 영향력을 확대하였고 정치 영역에서 "기독교 우파"(Christian rights)를 지지하며 사회적 영향력을 확대하였다.

오늘날 기독교 근본주의의 일반적인 특징은 다음과 같다. 첫째, 전근대적 종교 전통에 집착하는 현상이다. 둘째, 권위에 대한 왜곡 현상이 발생한다. 셋째, 분리주의적 강박관념이다. 넷째, 극단적인 배타성을 표출한다. 다섯째, 가부장제를 기반으로 한다. 여섯째, 번영신학과 같은 자본주의적 가치의 신성화를 부추긴다.

권위에 대한 왜곡된 인식

권위주의는 기독교 근본주의의 주요한 특징이다. 미국의 기독교 근본주의는 전근대적 권위주의에 강박적으로 집착한다. 근본주의가 정치적 영역에서 극우 정치집단과 쉽게 결탁하는 이유는 양자가 극단적인 권위주의를 정당화함으로 유지되기 때문이다.

성서가 말하는 권위는 단순히 "지배 서열"(pecking order)을 바꾸는 것이 아니다. 다시 말해 누군가를 조종하고 통제하기 위한 권위가 아니라 주어진 사명을 감당하기 위한 "기능의 권위"(authority of function)를 말하고 있다. 그러므로 진정한 권위는 위계적 질서 속에서 강요되는 지도자에 대한 일방적 복종을 위해서가 아니라 자기 부인을 기반으로 한 상호 섬김을 위해 필요하다(고전 16:16; 히 13:17). 성서는 교회 지도자가 "본"을 보임으로써 다른 사람들을 섬기고 이를 위해 은사를 활용해야 하며 "주장하는 자세"로 조종해서는 안 된다고 가르친다(벧전 5:3).

하지만 근본주의는 이러한 성서의 가르침을 외면한 채 권위주의를 정당화한다. 종교 집단 내에서 권위주의가 계속해서 정당화되면 결국 종교 중독의 일종인 권력 중독의 문제가 발생한다. 한국의 근본주의 교회에서 담임목사와 같은 종교 지도자의 권력 중독 현상이 종종 발생하는 이유가 바로 여기에 있다.

전근대적 종교 전통에 대한 집착

근본주의는 전근대적 종교 전통에 집착한다. 근본주의의 신학적 기반이 되는 문자주의는 계몽주의 이후의 근대화와 세속화를 거부하고 전근대적인 종교 전통에 집착하도록 이끈다. 이는 결국 기독교의 모든 가르침을 개인적이고 내세적인 구원으로 전환하려는 구원론적 환원주의에 의해 정당화된다. 1920년대 미국의 대표적인 근본주의 신학자였던 존 그래

샴 메이첸(John Gresham Machen, 1881-1937년)은 근대 이후의 신학적 발전을 "현대의 비구속적 종교"로의 전환이라고 비판하면서 이를 "현대주의"(Modernism) 혹은 "자유주의"(Liberalism)라고 규정하였다. 메이첸에 따르면, 기독교는 "위대한 구속의 종교"이다. 이러한 인식체계는 구원에 대한 담론만이 기독교적 가르침이며 기독교의 다른 가르침들에 대한 현대적 담론은 구속의 교리를 약화하고 세속화를 촉진하는 반(反)기독교적 경향으로 받아들인다.

리처드 니버(H. Richard Niebuhr, 1894-1962년)는 미국 내 이러한 신학적 흐름을 "강경한 근본주의"(strength Fundamentalism)라고 표현하였다. 사실 강경한 근본주의는 신학적 차이로 인해 발생한 것이라기보다는 미국 내 농촌문화와 도시문화 사이의 갈등이라는 문화적 요인에 영향을 받았다. 강경한 근본주의의 부상은 제1차 세계대전 이후 농업적 가치가 침체하면서 농업에 의존하였던 그리스도인들이 산업화와 도시화로 인해 촉진된 미국 사회의 세속화를 비기독교적인 것으로 낙인찍는 가운데 촉진되었다. 그렇기에 강경한 근본주의는 미국의 도시 지역과 산업화 지역에서는 거의 지지를 받지 못했지만 많은 농촌 지역의 주들에서 환영받았다.

강경한 근본주의자들은 표면적으로는 종교개혁의 정신을

강조했지만, 인식론적인 측면에서 중세적 세계관에서 벗어나지 못했다. 왜냐하면 그들이 돌아가고 싶어 했던 "특별한 형태의 경건성과 신앙이 지배적이었던 황금기"는 산업화와 도시화가 본격적으로 진행되었던 근대 시민사회 이전이었기 때문이다. 보수적인 한국교회의 전근대적 성향의 기원이 바로 여기에 있다.

분리주의적 강박관념과 진영논리

전근대적 종교 전통에 대한 집착은 세속화된 세상(혹은 문화)에 대한 분리주의적 강박관념을 자극한다. 근대사회의 등장으로 인한 충격으로부터 전근대적인 기독교 문화를 지키려 했던 보수적인 그리스도인들에 의해 형성된 강경한 근본주의는 계몽주의 이후의 근대화와 세속화를 거부한다. 이들은 세속화로 인해 타락한 세상을 구원하기보다는 "세상의 영향으로부터 자신들을 보호해야 한다는 분리주의적 강박관념"을 중심으로 정체성을 확립했다. 분리주의적 강박관념은 근본주의 운동의 '종교적 게토화'(religious ghettoization)를 촉진하며 자신들이 '선'(善)으로 규정하는 특정한 이념체계를 공유하는 진영으로 도피하도록 이끈다.

1925년 '스코프스 재판'(Scopes Trial)은 결과적으로 기독교 근본주의자들의 '창조론'(creationism)이 미국 사회에서 영향력을 상실하는 계기가 되었다. 이로 인해 미국 내 기독교 근본주의자들의 현대사회에 대한 부정적 인식과 분리주의적 강박관념을 더욱 강화되었다. 미국의 기독교 근본주의자들을 1930년대 이전에는 '비순응주의자'(Nonconformist)로, 1930년 이후에는 '분리주의자'라고 부르게 된 이유도 스코프스 재판 이후 분리주의적 강박관념이 근본주의 운동의 주요한 특징으로 자리 잡았기 때문이다.

과거 한국의 기독교 근본주의자들도 외형적으로 엄격한 정교분리와 극단적인 성속이원론을 열광적으로 주장하였다. 하지만 아이러니하게도 그들은 군사독재 세력과 결탁하여 막대한 이익을 누렸다. 이러한 모순은 다음에서 언급할 배타성으로 인한 공격성이라는 근본주의의 또 다른 특징과 연관되어 있다.

반대자 혹은 비판자에 대한 공격성

근본주의에 기반한 집단은 "그 운동에 헌신하고 동기를 부여하고 영향력을 행사하도록 돕지만 집단 외부 사람들에 대해 다소 공격적인 태도와 행동을 취하는" 경향을 보인다. 일반적으로 세계 종교(Weltreligion)는 타종교에 대한 부분적인 배타성에도 이를 상쇄하는 보편적 인류애에 대한 가르침을 포함하고 있다. 종교가 건강할 경우 보편적 인류애에 대한 가르침이 배타성을 제어하지만, 그 반대의 경우, 공격성이나 폭력성을 표출한다. 기독교 근본주의도 마찬가지이다. 근본주의자들은 전근대적 종교적 전통에 기반하여 교회나 종교적 영역뿐 아니라 현실사회 혹은 현실정치를 평가하려는 '종교적 도덕주의'(Religious Moralism)를 맹신한다. 종교적 도덕주의는 이에 동의하지 않는 사람들을 '죄인'으로 규정하고 공격성을 표출한다. 사회가 건강할 경우, 기독교 근본주의는 교회의 게토화를 지향하다가 자연스럽게 그 영향력을 상실하지만, 그렇지 못할 경우, 정치적 도덕주의(Political Moralism)과 결탁하여 공적 영역에 부정적인 영향력을 발휘한다.

예를 들어, 19세기 중반부터 불어 닥친 미국 사회의 근대화와 세속화의 바람은 그리스도인들 내에 미래에 대한 비관적 관념을 확산시켰고 그들은 자신들의 전통적 신앙을 보수해야 한다는 "전투적 강박관념"에 사로잡혔다. 이러한 강박관념이 초기에는 근본주의 교회의 게토화를 부추겼지만, 이후 미국 사회의 사회 병리적 현상이 심화하고 보수화되면서 근본주의는 정치적 도덕주의를 앞세워 미국 사회 내 주류적 세력으로 부상하였다. 공적 영역에서 근본주의자들은 차별과 억압의 기제를 통해 사회·종교적 다양성의 문제를 해결하려 하는데, 우파적 혹은 극우적인 정치세력과 결탁할 경우, 반대자나 비판자를 적대적 타자로 규정하고 물리적 폭력 행사를 정당화한다.

앞에서도 언급한 바와 같이 우리나라의 경우, 군사독재 초기에 기독교 근본주의자들은 성속이원론에 기반하여 정치와 종교의 엄격한 분리를 주장했었다. 하지만 실질적으로는 군사독재에 협력함으로써 사회적 헤게모니에 다가갈 수 있는 계기를 마련했다. 오랜 군사독재로 인해 사회 병리적 현상이 심화하면서 한국 사회가 폐쇄적으로 변하였고 근본주의는 사회적 주류 세력으로 자리 잡았다. 군사독재 세력과 결탁한 근본주의자들은 개발독재 이데올로기를 종교적으로 정당화하였다. 그들은 군사독재 세력에 대한 비판을 비기독교적인 것으로 낙인을 찍었고 권위주의적 가치를 기독교적인 것으로 둔갑시켰다. 동시에 민주적 가치를 지키기 위해 헌신하였던 이들에 대한 극단적인 거부감을 종교적으로 이들에 대한 혐오와 배제를 정당화하였다. 그 결과 근본주의 교회들은 군사독

재의 지원으로 양적으로 성장했을 뿐 아니라 사회·정치적 영
향력을 획득하였다.

가부장제

기독교 근본주의는 전근대적 가부장제(patriarchy)를 기
반으로 한다. 왜냐하면 권위주의를 지향하는 근본주의는 남
성의 권위를 절대화하고 여성 차별을 정당화하는 경향을 보
이기 때문이다. 가부장제는 여성을 "약한 성별"로서 과소평
가하기에 "여성적" 특성들에 대해 필연적으로 저평가하고 여
성이 남성과 같이 공동체적 삶에 온전히 참여하는 것을 부정
하거나 배제한다. 왜냐하면 가부장제는 단순한 가족 체계가
아니라 권력을 위한 투쟁과 관련되어 있기 때문이다. 가부장
제의 부상과 함께 이전의 모계 중심적 문화들은 쉽게 "선-사
적"(先-史的, prä-historisch)이라고 불리게 되었다.

그러므로 가부장제에 대한 집착은 권위주의의 부정적인 영
향력으로 인한 가치 전도 현상이다. 물론 초기 기독교 공동체
가 과거 강력한 가부장제의 부정적인 영향력 아래 있었다는
것을 부인할 수 없다. 하지만 초기 기독교 공동체가 황제 숭

배와 노예 제도에 기초하였던 로마 제국을 인정하였다고 해서 21세기에 왕정과 노예 제도를 하나님의 뜻이라고 말할 수는 없다. 마찬가지로 고대 문화의 한계로 인해 형성된 가부장제를 오늘날과 같은 성(性)평등의 시대에 아무런 해석의 과정도 없이 그대로 받아들인다면 그것은 성서의 가르침을 왜곡할 뿐 아니라 심각한 사회적 문제를 일으킨다. 하지만 기독교 근본주의는 문자주의를 통해 여전히 성서의 몇몇 여성 차별적인 기록을 정당화한다.

신성화된 자본주의

기독교 근본주의는 세속적인 경제체제인 자본주의를 종교적으로 정당화한다. 이러한 가치 전도 현상은 '신성화된 자본주의'(Sanctified Capitalism)를 부추긴다. 기독교 근본주의는 근대적인 경제체제로서 자본주의를 종교적 가르침과 같이 신성한 것으로 받아들인다. 신성화된 자본주의 속에서 자본의 이익은 인간의 가치보다 우선하며 종교적 권위에 의해 모든 사회적 가치는 자본의 가치로 획일화된다. 더구나 신성화된 자본주의의 추종자들은 현실 자본주의 체제를 비판하는 이들을 향해 공격성을 표출한다. 앞에서도 언급한 바와 같이 근본주의가 전근대적 종교 전통에 대한 집착에서 출발하였음에도 경제적 영역에서 철저하게 근대적 가치 체계인 자본주의를 신성화하는 현상은 근본주의가 가지고 있는 내적 모순이다.

하지만 한국교회는 신성화된 자본주의에 익숙하다. 왜냐하면 1970~80년대 한국교회는 개발 독재 이데올로기와 번영신학이 결합한 독특한 신성화된 자본주의를 개발하였고 이를 통해 급속도로 성장했기 때문이다. 한국의 군사독재 세력은 경제성장을 위해서는 정치적 인정이 불가결하다는 이유로 시민들의 정치 참여를 크게 제한하였다. 개발 이데올로기는 '경제적 성장'이라는 명목 아래 시민들을 통제하며 독재를 정당화하였다. 모든 사회적 가치는 개발과 자본의 논리에 적합하게 획일화되었고 이를 수용하지 못하는 이들은 극심한 차별과 배제를 경험해야 했다. 권위주의적 사회는 경제적 영역에서의 풍요를 제외한 모든 사회적 욕구(표현의 자유, 집회와 결사의 자유 등)를 금지하였다.

이처럼 왜곡된 사회적 환경이 지속될수록 한국 사회의 구성원들은 현실을 견뎌낼 수 있는 집단적 망상이나 허상이 필요했다. 이는 한국의 그리스도인들도 마찬가지였다. 한국의 기독교 근본주의자들은 미국의 번영신학과 한국의 개발 독재 이데올로기를 결합하여 한국식 번영신학을 만들어 냈다. 이를 받아들인 한국교회는 자본주의를 신성한 체계로 선전하였고 사회적 성공과 물질적 풍요를 하나님의 축복으로 가르쳤다. 현실 도피 욕구와 환상이 필요로 했던 이들은 한국식 번영신학에 열광하였고 한국교회가 급속하게 성장하면서 근본주의는 주류적 흐름으로 자리 잡았다. 하지만 번영신학과 같은 신성화된 자본주의는 자본이라는 우상을 섬기도록 부추기는 이데올로기일 뿐이다.

결론

기독교 근본주의는 근대성을 거부하는 왜곡된 심리가 양산한 종교 병리적 현상이다. 근본주의자들에게 이성과 합리성은 기독교 신앙과 대립하며 세속화는 기독교적 가치를 무너뜨리려는 사악한 계략일 뿐이다. 이러한 왜곡된 인식은 권위주의와 차별 기제, 종교적 배타성을 강화하며 전근대적인 전통에 대한 집착을 자극한다. 또한 이 집착은 한편으로 분리주의적 강박관념으로, 다른 한편으로 비판자(혹은 반대자)에 대한 공격성으로 표출된다.

근본주의는 사회가 개방성과 다양성을 유지하며 건강하게 발전할 때는 폐쇄적 공동체를 지향하는 소수의 종교 운동으로 머문다. 하지만 사회 병리적 현상이 심해지면서 사회적 불안이 가중되면 정치적 권력이나 사회적 헤게모니를 쥐게 된다. 사회가 이러한 근본주의를 제대로 제어하지 못하면 극우적인 정치세력과 결탁하여 파시스트 운동으로 전락하기도 한다. 한국교회 내 근본주의의 문제를 냉철하게 분석하고 신랄하게 비판해야 하는 이유가 바로 여기에 있다.

기독교 근본주의의 문제를 바로 잡지 않는다면 한국교회는 현재의 위기를 극복할 수 없을 것이다. 한국의 시민사회는 냉전 시대의 공산주의에 대한 편집증적 광기에서 벗어나 진정한 민주주의로 나아가고 있다. 군사독재 세력이 강요하였던 권위주의적 문화는 민주적 다양성에 기반한 문화로 대체되고 있다. 하지만 한국교회는 여전히 이러한 시대적 흐름을 거스르며 몰락의 길에 서 있다. 이제 한국교회에 남은 유일한 해결책은 기독교 근본주의의 가치 체계를 신랄하게 비판하며 공적 영역에서의 기독교 근본주의의 부정적인 영향력을 막기 위해 치열하게 노력하는 것이다.

근본주의 시리즈
최종 좌담회

사회: 박진석 목사(본보 편집인)

패널: 김주용 목사(연동교회), 박성철 목사(하나세정치신학

연구소 소장), 옥성삼 박사(감신대 객원교수, 본보 편

집위원), 이상학 목사(새문안교회), 지형은 목사(성락

성결교회)

제언: 안교성 교수, 정병준 교수, 한국일 교수

일반계시의 가치를 인식해야

지형은 (말씀삶공동체 성락성결교회 목사)

사람됨과 사람다움의 기본 조건은 이성의 기능에 걸려 있다. 다른 생명체들이나 무생물로 분류되는 존재들과는 달리 사람은 이성의 기능을 갖고 문화와 문명을 일구며 살아왔다. 이성의 기능에 연결된 것이 사유와 지성, 언어와 합리성, 자유의지와 인격성 등이다. 사람에게 있는 이런 특징은 다른 피조물들과 비교하여 단계적으로 더 높은 정도가 아니다. 현재까지의 모든 지식을 종합하더라도 다른 생명체들 중 어떤 존재가 상당한 정도로 이런 능력을 갖고 있어서 시간이 흐르면 사람과 비슷한 수준이 될 것이라는 증거는 없다. 기독교의 시각으로 보면 이것이 사람이 만들어질 때 하나님께서 사람에게 주신 '하나님의 형상'이다. 창세기 1장 26~27절을 보라.

> "하나님이 이르시되 우리의 형상을 따라 우리의 모양대로 우리가 사람을 만들고 그들로 바다의 물고기와 하늘의 새와 가축과 온 땅과 땅에 기는 모든 것을 다스리게 하자 하시고 하나님이 자기 형상 곧 하나님의 형상대로 사람을 창조하시되 남자와 여자를 창조하시고."

하나님의 형상대로 창조된 사람이 그에 연관된 책무도 받는다. 하나님은 그들에게 피조세계를 잘 돌보고 관리하라는 청지기의 직무와 책임을 주셨다. 위의 창세기 구절에 이어지는 28절이 그 내용이다.

> "하나님이 그들에게 복을 주시며 하나님이 그들에게 이르시되 생육하고 번성하여 땅에 충만하라, 땅을 정복하라, 바다의 물고기와 하늘의 새와 땅에 움직이는 모든 생물을 다스리라 하시니라."

하나님께서 사람에게 주신 책무에 연결된 것이 인류도덕

이다. 인류 역사에서 인간이라는 종의 의미 있는 존속에는 늘 윤리 도덕적인 가치, 곧 인도적 인륜도덕이 뗄 수 없이 연관 돼 있다. 이 가치의 중심에 늘 사람의 이성적인 기능이 전제 된다. 이성적인 기능이 심각하게 약화되고 생존을 위한 이기 적인 투쟁이 심해질 때 인간 사회는 야만의 상황이 된다. 이 런 때는 사람이 동물적인 본능 쪽으로 움직인다. 혈연이나 지 연에 따른 자기 집단의 방어를 위해서 어떤 악행도 서슴지 않 는다. 적어도 한 문화권이나 또는 그보다 훨씬 더 넓은 범위 에 걸쳐 전쟁, 기근, 전염병이 발생할 때는 더구나 사람의 사 람됨이나 사람다움은 여지없이 파괴된다. 개인과 소집단 이 기주의가 강력해진다. 이런 상황에서 사람이 지켜내는 범위 는 좁아진다. 혈족, 지연 집단, 종교화 된 사상이나 이념의 집 단 등이다. 집단 이기주의에서 소집단 이기주의를 거쳐 개인 적인 생존 이기주의로 흐르면서 인간성은 무너진다. 생존을 위한 야만적인 싸움이 난무한다.

이와 반대로 역사에서 존중받는 이념이나 사상, 종교나 문 화 집단 등은 언제나 형제자매처럼 챙겨야 한다고 인식하는 범위가 넓었다. 내가 공동 운명체로 속해 있다고 보는 집단을 가장 넓게 보는 시각이 사해동포주의(四海同胞主義), 홍익인 간(弘益人間), 모든 사람이 형제자매라는 필라델피아 사상 같은 것이다. 이런 흐름의 공통점은 존재하는 모든 사람이 다 하나로 묶였다는 인식이다. 인종, 지역, 계층, 성별, 종교 등 사람을 분열시키는 모든 것을 넘어서서 인류애의 가치를 신뢰하는 믿음이다. 이웃의 개념을 모든 사람에게 넓히면서 이웃을 사랑하라고 명령하시며 '서로 사랑하라'는 것을 새 계명으로 주신 예수 그리스도의 가르침이 이런 흐름과 일맥상통한다. 이런 가치를 요즈음 많이 쓰는 말로 하면 공공선을 추구하는 것이다. 공공선을 어떻게 규정하는 것은 물론 쉽지 않다. 사람이나 집단마다 추구하는 것도 다르고 이해관계도 상충하기 때문이다. 모든 사상과 철학의 공통 관심사인 행복론도 그 내용으로 들어가면 아주 다양하다. 그러나 그럼에도 불구하고 사람이 사람이려면 끊임없이 공공선을 추구해야 한다. 적어도 '이런 것은 공공선이 아니다' 하고 누구나가 거부하는 것은 언제든 작동해야 한다.

전쟁의 상황에서 발생하는 현실 윤리 상황이야 좀 다르지만 사람을 죽이는 것은 악한 것이다. 지금 죽어가고 있는 사람이 있다면 그 사람이 누구든 어떤 이유로 죽어가고 있든 그를 살리지 않는 것은 악이다. 굶어서 죽을 지경에 이르는 상황을 적극적으로 돕지 않는 것, 적어도 다른 이익을 위해서 의도적으로 방치하는 것은 명백한 악이다. 이런 종류의 상황을 악하다고 보는 것은 시대와 문화를 막론하고 공통적이다. 성경 전체에는 이런 메시지의 흐름이 일관적이다.

예수 그리스도의 가르침에 기본적으로 인도적 인륜도덕이 포함돼 있다. 당시 유대교에서 이웃 개념을 동족 유대인으로 한정시킨 것에 반해서 예수님은 이웃의 개념을 종교적 구분과 인종적 한계를 넘어서 모든 사람에게 확장시키셨다. 하나님께서 창조하신 사람이란 존재 모두를 형제자매로 사랑하라고 가르치셨다. 어쩔 수 없는 갈등에서 발생하는 원수까지 사랑하라고 말씀하셨다. 기독교 신앙은 인도적 인륜도덕이란 표현으로 대표할 수 있는 사람됨과 사람다움을 그 안에 포함하고 있다. 물론 기독교 신앙에는 이것을 넘어서는 가르침이 있다. 구원의 진리를 핵심 가치로 믿고 선포한다. 그런데 인도적 인륜도덕의 가치와 좁은 의미의 구원에 연관된 핵심 가치는 서로 뗄 수 없는 하나다.

예수 그리스도의 십자가 사건(죽음, 부활, 승천, 성령의 강림)을 통해서 삼위일체 하나님께서 인류 구원의 결정적이고 최종적인 길을 여셨다는 것이 기독교 신앙의 내적 정체성이다. 이 정체성에 근거하여 이를 믿는 사람들, 곧 그리스도인이 현실의 삶에서 어떻게 살아야 하느냐를 묻는 것이 기독교 신앙의 사회적 연관성이다. 그 핵심이 인도적 인륜도덕이다.

이 둘, 기독교의 자기 정체성과 타자 연관성은 서로 뗄 수 없이 연결돼 있다. 신앙고백적인 자기 정체성이 얼마나 진실하고 그 힘이 넉넉한가를 알 수 있는 영역이 사회적인 삶에서 드러나는 타자 연관성이다.

십자가 사건에 터를 둔 자기 정체성과 인도적 인륜도덕에 근거한 타자 연관성을 신학적인 용어로 표현하면 특별계시와 일반계시다. 한국 교회는 특별계시에 강력한 집중력을 갖고 있다. 예수 그리스도의 십자가 사건과 연관하여 대속의 죽음과 보혈의 능력을 굳게 믿는다. 이를 믿고 하나님의 자녀가 되어 영원한 형벌에서 영생을 얻는다고 믿고 선포한다. 이 가치는 한국 교회가 갖고 있는 신앙의 핵심이다. 그래서 교회를 이 가치를 전하는 기능을 중심으로 이해한다. 이런 상황에서 교회 공동체가 갖는 일반계시적인 기능이 취약하다. 조금만 생각해 보자. 그리스도인은 개인적으로는 누구나 사회의 구성원이다. 교육, 법조, 정치, 경제, 문화 등 사회의 모든 분야에서 삶의 여정을 걸어가고 있다. 그리스도인은 마땅히 그러한 사회적 일상에서 주님의 뜻을 실천해야 한다. 이것이 지금 여기에서 이루어지는 하나님의 나라다. 한국 교회에는 이런 인식이 약하다. 한국 교회의 교회론은 자기중심적인 정체성이 강하고 타자 지향적인 사회적 관계성에서 약하다. 교회 공동체는 특별계시의 토대에 분명하게 서야 하고 그에 근거하여 일반계시의 가치를 확실하게 인식하며 사회를 이끌어가야 한다. 특별계시의 구체적인 내용은 기록된 66권 성경의 내용이다. 일반계시의 내용으로는 적어도 다음의 네 가지를 말할 수 있다. (1)인도적 인륜도덕, (2)생태적 환경윤리, (3)법치의 민주주의, (4)상생의 시장경제.

인도적 인륜도덕의 가치는 말할 것도 없이 명백하다. 하나님께서 당신의 형상을 주시면서 사람에게 명령하신 인격적인 가치의 중심이다. 생태적 환경윤리도 창조의 본문, 곧 창세기 1장 28절에서 아주 명확하게 읽을 수 있는 내용이다. 하나님께서 창조하신 모든 것을 잘 돌보고 관리하라고 하신 내용에서 기독교는 생태적 환경윤리의 근거를 찾는다. 이 구절에 있는 "정복하라 … 다스리라"는 표현을 기독교 신앙은 너무 인간 중심적으로 해석해 왔다. 옛날에 엄청난 규모나 힘을 가진 자연물을 신으로 숭배하던 것을 무지요 우상숭배였다. 이것을 타파하고 자연물을 비신격화한 것은 맞았다. 그러나 반대쪽으로 치우쳐서 자연 만물을 인간의 이기적 욕망을 채우는 종속물로 보면서 지구 환경을 파괴한 것은 또 다른 무지다.

인간 역사의 모든 정치 제도는 다 불완전하다. 인간 집단의 문화나 관행의 흐름에 따라서 어느 지역에서 바람직한 제도가 다른 지역에서는 부작용이 심각할 수도 있다. 그러나 역사의 모든 정치 제도와 연관하여 법치의 민주주의는 가장 훌륭한 것이라는 데 이견이 거의 없다. 교회는 민주주의가 아니고 신본주의라고 하면서 법과 절차에 따른 민주주의를 폄하하는 사람들이 가끔 있는데 무지의 소치다. 교회의 최고 기준이 하나님의 말씀이고 하나님의 뜻이라는 점에서 교회의 다스림은 신본주의라고 할 수 있다. 지당한 말이다. 그러나 교회는 거룩한 제도이면서 지극히 현실적인 인간적인 구조를 동시에 갖고 있다. 구체적인 의사 결정 구조를 비롯하여 제도를 이끌어갈 실제적인 장치들이 필요하다. 법치의 민주주의가 그것이다.

사람이 먹고 사는 문제와 연관된 경제에서는 상생의 구조가 당연하다. 성경이 부자와 가난한 사람의 존재를 현실적으로 인정하면서 가난한 사람들이 살 수 있도록 여러 가지 사회적 제도를 명령한 것이 상생의 경제 구조다. 상생이라는 개념과 더불어 시장경제가 중요하다. 시장경제 말고 국가의 통제로 모든 것을 이끌어가는 공산주의적 계획 경제가 바람직하다고 볼 수는 없다. 사회보장의 기능을 충분히 높인 사회주의적인 시장경제라면 현실적으로 북유럽에서 작동하고 있으니 그 가능성과 현실은 당연히 인정하고 더 나아가서 적극적으로 연구해야 한다. 특히 전 세계가 40년 넘게 신자유주의 경제 구조로 달려오면서 극심해진 빈부 격차를 생각하면 사회적 기본소득과 같은 정책을 적극적으로 고려해야 한다. 한 나라의 극소수 예컨대, 1퍼센트나 5퍼센트 안에 있는 사람들에게 부유세를 내게 하는 것은 오늘날의 경제 구조나 인류가 당면하고 있는 과제들을 생각하면 상당히 합리적이다.

오늘 이 발제는 '기독교 근본주의'에 관한 것이다. 근본주의는 인류 역사에서 끊임없이 반복되고 이어져 온 '쉬운 길'이다. 어느 사회나 문화권에서 가장 쉬운 길은 소집단 이기주의를 충동할 수 있는 구조를 만들고 그것을 강화시키는 것이다. 사회적인 갈등이 심해질 때 이런 경향은 더욱 강해진다. 분열의 시대에는 이런 방식이 현실적으로 상당히 효율적이다. 오늘날의 세계 상황이 그렇다. 콘크리트 지지층을 중심으로 정치하는 것이 그렇고, 경제적인 동일 계층의 이익을 극대화하는 주주 이기주의 경제 구조가 그렇다. 대중영합주의는 갈등과 분열의 시대에 늘 영악스럽게 효과적이었다. 적을 명확하게 만든다. 필요하면 외부의 적을 만들어 내부의 불만을 잠재운다. 큰 사고가 발생하면 희생양을 만든다. 인간 사회의 이런 구조는 정치, 경제, 사회, 문화 등 모든 영역에서 각기 다른 이름으로 작동한다. 이런 경향이 작동하는 기본 구조는 독단성, 우월성, 배타성이다. 근본주의는 기독교란 영역에서 이런 구조로 작동하는 것에 붙은 이름이라고 볼 수 있다. 그리스도인이 구원의 주님으로 고백하는 예수 그리스도의 가르침에 따르면 기독교 신앙은 마태복음 7장 13~14절에 기록된 말씀대로 넓고 쉬운 길이 아니고 좁고 험한 길이다.

"좁은 문으로 들어가라. 멸망으로 인도하는 문은 크고 그 길이 넓어 그리로 들어가는 자가 많고 생명으로 인도하는 문은 좁고 길이 협착하여 찾는 자가 적음이라."

그리스도인의 삶과 교회의 길은 특별계시를 근거로 하여 일반계시가 한데 어우러져 작동하는 길이다. 한국 교회는 성서에 기록된 일반계시에 관한 가르침을 읽을 수 있어야 한다. 원수도 사랑하는 길이며 서로 사랑하는 삶이 그것이다. 마태복음 5장 43~48절, 요한복음 13장 34~35절, 에베소서 4장 32절 말씀을 보라.

"또 네 이웃을 사랑하고 네 원수를 미워하라 하였다는 것을 너희가 들었으나 나는 너희에게 이르노니 너희 원수를 사랑하며 너희를 박해하는 자를 위하여 기도하라. 이같이 한즉 하늘에 계신 너희 아버지의 아들이 되리니 이는 하나님이 그 해를 악인과 선인에게 비추시며 비를 의로운 자와 불의한 자에게 내려주심이라. 너희가 너희를 사랑하는 자를 사랑하면 무슨 상이 있으리요 세리도 이같이 아니하느냐. 또 너희가 너희 형제에게만 문안하면 남보다 더하는 것이 무엇이냐 이방인들도 이같이 아니하느냐. 그러므로 하늘에 계신 너희 아버지의 온전하심과 같이 너희도 온전하라.”

“새 계명을 너희에게 주노니 서로 사랑하라. 내가 너희를 사랑한 것 같이 너희도 서로 사랑하라. 너희가 서로 사랑하면 이로써 모든 사람이 너희가 내 제자인 줄 알리라.”

“서로 친절하게 하며 불쌍히 여기며 서로 용서하기를 하나님이 그리스도 안에서 너희를 용서하심과 같이 하라.”

근본주의에 관한 가스펠투데이의 이번 특별기획은 한국 교회의 현재 상황과 오늘날의 세계 상황을 생각할 때 참으로 시의적절하다. 이번 기획의 과정과 그 기록이 한국 교회에 널리 알려져 한국 교회가 걸어갈 길을 진지하게 고민하며 기도하기를 바란다.

〈종합 토론〉

사회자: 한국 교회 부흥 발전의 원동력이 되기도 했으나 오늘날 심각한 폐단을 낳고 있는 '근본주의' 문제. 이번 기회에 솔직하게 토론하고 여러 측면에서 접근하고 싶다.

박성철: 우리는 기독교에 대한 비판에 다소 소극적인 반응을 보여 왔다. 특히 근본주의와 관련된 문제는 한국 사회의 유익을 해칠 수 있다는 시각을 가져야 대응이 가능하다. 예컨대 이슬람 원리주의가 이슬람을 대표할 수 없으며, 나아가 원리주의는 '이슬람이 아닐 수도 있다는 것'이다. 원리주의가 이슬람 본래의 정신을 왜곡할 수 있다는 견해가 나와야 정치적 측면에서의 비판이 가능해진다. 그런데 교회는 근본주의 문제를 '신학적 문제'로 국한시켜 인식하다보니 어쩌면 근본주의가 기독교 정신을 왜곡할 수 있다, 혹은 그것이 기독교가 아닐 수 있다는 신랄한 비판으로 나아가지 못하는 것이다. 그 이유는 내부의 힘이 없어서 그렇다. 일반적으로 내부의 힘이 없을 때는 외부의 연대를 찾아서 해결점을 모색하는데 이러한 실질적 대응이 필요하다. 2020년을 기점으로 '태극기 부대'라는 기독교 근본주의에 기반을 둔 정치 운동이 나왔다는

것은 한국교회가 이슬람 원리주의와 같은 문제를 앓고 있다고 봐야 한다.

이상학: 이미 서구사회는 복음주의자들이 근본주의와 차별성을 두기 위한 작업을 진행했다. 존 스토트는 근본주의와 복음주의 차이를 8가지 주제로 정리했으며 빌리 그레이엄도 이 작업을 진행한 바 있다. 그런데 한국 교회 안에서는 근본주의가 복음주의의 옷을 입고 횡행하고 있어도 영적 분별을 하지 못하고 있어 그 폐해가 심히 크다. 따라서 복음주의와 근본주의가 어떻게 다른지 이야기하면서 분리해 내는 작업을 교회가 해낼 필요가 있다.

지형은: 근본주의를 연구함에 있어서 교회사학자들의 작업이 반드시 필요하다. 가스펠투데이에 게재된 근본주의 시리즈에서 역사학자들은 해방이전과 해방이후의 한국 교회 모습을 다루며 근본주의의 뿌리를 탐구했다. 1900년대 초기에 있었던 한국의 대부흥운동은 근본주의와 직접적 연관이 없는 것이었고, 어떤 이들은 초기 한국 교회의 부흥운동과 1970년대에 일어난 부흥을 연결하려는 시도를 하는데 사실 그것은 결이 다르다고 보아야 한다. 1970년대의 부흥운동에는 근본주

의의 색채가 진하게 묻어있다. 그래서 이 부분을 두고 교회사학자들이 면밀하게 검증할 필요가 있다.

옥성삼: 사회과학적 측면에서 바라볼 때, 한국 교회는 이미 정치적이다. 그 이유는 처음부터 분파적 성장을 해왔기 때문이다. 근본주의자들은 분명한 실체가 있고 무엇보다 '운동력'이 있다. 그래서 어쩌면 근본주의와 복음주의가 다르다는 논의를 일으킬 때 논의를 시도한 쪽이 더욱 큰 피해를 입을 가능성을 생각해야 한다. 그래서 투 트랙이 필요하다. 교회 안의 작업과 다학제 간의 작업을 동시에 진행하는 것이다.

김주용: 한 가지 우려되는 점은, 건강한 가치관을 가진 성도들이 2022년 오늘 얼마나 남아있느냐다. 과거 7080세대, 복음주의 신앙으로 부흥을 일으킨 이들의 뒤에는 사회적 균형을 이루기 위해 진력한 이들이 버티고 있었다. 하지만 오늘날, 그런 세대가 얼마나 남아 있을까? 어쩌면 근본주의를 구분해낼 역량을 가진 이들은 이미 가나안 성도가 되어버렸을지 모른다.

　정치적 공론의 장에 자주 오르내리는 특정 목회자의 이슈를 두고, 사실 교회 밖에 사람들은 냉소적으로 보고 있다. '저

것은 교회의 문제고, 저들은 항상 저렇다'는 평가다. 이런 상황에서 깨어있는 교회는 변호할 기회조차 박탈당한다. 이에 반해서 근본주의에 서 있는 사람들은 전선을 형성하고 대오를 이루어 하나의 목소리를 만들어 내고 있다. 이런 상황에서 현장 목회자들이 건강한 목소리를 만들어 낼 수 있을지 염려가 앞서는 것도 사실이다.

지형은: 사실 근본주의의 신앙적 태도, 신학적 구조는 개교회에서 목회를 하는 데 매우 유리하다. 신자들이 신앙과 신학의 세계를 보는 태도를 단순하게 하며, 프로파간다(선전, 선동) 성향으로 인해 명백하고 심플하다. 때문에 근본주의는 굉장한 효율성을 갖고 있다. 또한 기독교 역사를 살펴보면 유교가 조선시대의 정치적 헤게모니와 깊게 연관되어 있었듯이 기독교는 반공 이데올로기에 강한 목소리를 내었고, 오늘날에는 동성애, 특정 극우 목회자 등과 함께 정치적 이슈화됐다. 그래서 더더욱 근본주의를 정치, 사회학적 맥락에서 풀어내는 작업이 필수적이다.

옥성삼: 교회가 초갈등사회의 동력원이 되고 있는 이유는 패러다임 쉬프트를 하지 못했기 때문이다. 세상이 변하고 있는

데 한국 교회가 따라가지 못하고 있다. 한국 교회 내에는 이미 자정능력을 잃었다고 본다. 2년 전 '한목협'은 포스트 프로테스탄트를 준비해야 한다고 발표했다. 학자들은 '사회적 목회론', 그리고 '미셔널 처치'를 말했다. 방향성과 의미에는 공감했으나 교회의 정치 체제, 교회의 존재하는 방식에 대한 구체적 대안은 제시하지 못한 것 같다. 이제 선언적 제시에서 나아가 사회적 교회론을 말해야 하고, 한국 교회의 문제를 다시 바라보아야 한다. 교회는 사회공동체의 일원으로서, 현실에서 빛과 소금이 되기 위해 사회적 교회의 모델을 구상해야할 필요가 있지 않을까? 이제 거시사회의 구조적 변화를 준비해야 한다. 최근 한 대형교회를 컨설팅 하면서 분석해보니 65세 이상의 성도가 70% 이상을 차지하고 있었다. 시니어 목회를 어떻게 준비할 것인지, 10년, 20년 후에는 어떻게 할 것인지 대안이 전무한 상황이었다. 코로나가 끝났으니 다시 기도회를 열심히 하면 될 문제일까? 본격적으로, 거시적 방향을 찾아야 한다. 우리가 근본주의를 살펴봄에 있어서 '싸우려고 준비된 사람'과 '합리적으로 해결하려는 사람'이 부딪히면 반드시 후자가 깨진다. 목회자들의 경우 보수적인 스탠스를 취할 수밖에 없는 경우가 많다. 신학자들의 상황도 크게 다르지 않다. 기독교공동학회에 소속된 2천여 명의 신학자들은 개별적인 의지는 갖고 있지만 쉽사리 나설 수가 없다. 돌을 맞는 것이 부담스럽기 때문이다. 하지만 그들이 함께 연대하여 공동으로 연구하고 보고서를 내놓으면 가능할 것이라 본다. 때문에 앞서 나온 견해들처럼 교회 안의 목소리와 교회 밖의 목소리가 함께하는, 투 트랙으로 방안을 모색하는 것이 좋다.

사회자: 이번 기획시리즈를 준비할 때 우려의 목소리도 있었다. 공격을 받으면 어떻게 할 것이냐는 질문이었다. 언론기관도 표적이 될 수 있는 현실 속에서, 과연 교회가 이런 시도를 할 수 있을까?

김주용: 개인적으로 괴리를 느끼는 순간들이 있다. 정치적 이슈에 자주 오르내리는 소위 극우 목회자가 '본회퍼'를 말한다. 이처럼 현실 속에는 아이러니나 딜레마라고도 표현할 수 없는 기괴한 구조들이 있다. 우리가 자정 능력을 갖고 거시적인 측면에서 변화를 가져올 수 있을지 회의적인 생각이 드는 것도 이 때문이다. 목회자들이 왜곡된 부분들을 발견하고, 그것을 타파해야 한다고 전하면 반발에 부딪힌다. 그래서 미시적인 문제들을 목회자가 어떻게 반응하고 행동해야 할지 고민하는 이들이 많다. 때문에 공론의 장이 열리고, 공론화가 쌓여 나가

야 한다. 현실적 괴리와 이상 사이에서 다리를 놓는 이 작업은 폭넓게 일어나야 한다.

박성철: 우리가 한국 교회를 바라보는 모습과 교회 밖에서 우리를 바라보는 모습이 같을까? 다소 부정적으로 말한다면 한국 교회는 프로파간다 성향이 강하다. 또한 사회적 이데올로기에 종속되어 있다는 생각이 든다. 1990년대 미국 개신교인은 인구의 90%에 달했다. 그리고 2007년에는 78%, 2020년 청소년을 대상으로 한 조사에서는 60%로 나타났다. 그리스도인 인구가 급속도로 줄어든 그 시기는 트럼피즘, 즉 기독교 근본주의가 대중에게 목소리를 내면서 미국사회에서 부정적인 영향을 나타낼 무렵이었다. 근본주의 운동이 강해지면 그 세대는 먹고 살지 모르나 그들이 떠나고 나면 몰락한다. 프로파간다는 이러한 점을 보지 못하게 하는데, 때문에 위기 상황을 벗어나지 못하고 있다. 한국 리서치가 종교인 조사를 할 때 20%가 그리스도인으로 나타났고, 같은 해 한국 갤럽은 17%라고 발표했으나 신천지와 이단이 모두 포함되었기 때문에 사실상 15%라고 봐야 할 것이다. 또한 각 교단에서 중복된 수치를 감안한다면 13-15%사이라고 생각할 수 있다. 교회가 크게 성장하는 7-80년과 달리 2000년 이후로는 성장할 수 없

었고, 부정적 인식이 강화되며 교회가 위태로워지기 시작했다. 하지만 어느 누구도 이 사실을 말하려 하지 않고 공론화시키지 않는다. 단정적으로 말하자면 근본주의가 강해지면 한국 교회는 망할 수밖에 없다. 향후 10년 뒤에는 어떻게 될지 모른다. 매년 13만 명의 기독교인이 줄어들고 있는데 10년 후면 어떻겠는가? 문제를 지적하지 못하는 이유는 한국 교회가 현실을 인정하지 못해서가 아니다. 극우 이데올로기에 종속되어 현실을 보지 못하기 때문이다. 어떤 형태로든 원리주의, 근본주의가 득세해서 그 종교가 잘 된 적이 없다는 것이 학자들의 객관적인 견해이며 자료가 말하고 있다. 한편, 부정적으로만 보지 않을 수 있는 이유는 지금 이러한 논의가 나온다는 것 자체가 변화의 첫 걸음이기 때문이다. 자정능력이 부족하다면 외부의 힘과 얼마든지 연대할 수 있다. 중독 상태인 사람이 스스로 벗어나지 못하듯, 우리 또한 일종의 중독에 빠져 있다면 외부의 도움과 연대해 풀어가야 한다.

지형은: 목소리를 내는 것은 일단 교회 내에서 시작되는 것이 좋다고 생각한다. 또한 외부와 연대한다면 1차적으로는 신학계, 구체적으로는 학회이나 교회사학회의 도움을 받을 수 있을 것이다. 근본주의를 테마로 학자들이 논문을 발표하고 토

론하는 것도 좋을 것이다. 신학자들이 학문적인 접근을 하는 것이 대중적 파급력은 약할지 모르나 그 자체로 베이스가 되어 현장 활동가들이 움직일 수 있는 근거가 된다. 둘째, 일반 학자들의 도움을 받을 수 있다. 종교사회학자, 정치사회학자들이 바라보는 관점을 통해 방안을 찾는 것이다. 나는 교회가 자정능력을 완전히 상실했다고는 보지 않는다. 지금 이 자리에도 '장감성(장로교, 감리교, 성결교)'이 모였는데, 함께 머리를 맞대고 길을 모색하면서 극우 이데올로기를 분석하고 있기에 희망이 있다고 본다. 이러한 시도와 함께 학계가 함께 한다면 왜곡된 현상들을 약화시킬 수 있을 것이다.

이상학: 부족한 자정능력을 극복하기 위해 연대하는 것이 절대적으로 필요하다. 최근에는 보수 신앙과 보수적 정치색을 가졌던 분들이 특정 근본주의 극우세력이 안고 있는 문제를 인지하기 시작하면서 스스로 차별화 하려는 모습을 보이고 있다. 이런 점에서 근본주의 안에서도 결이 다른 부분이 있음을 알 수 있다. 일종의 정치적 극우와 신학적 근본주의가 구분되어지는 흐름이 있는 것이다. 국민일보가 올해 진행한 '한국 기독교인 의식조사'에 의하면 한국교회 교인들이 보는 중요한 개혁과 갱신의 과제는 '탈정치화'라고 발표했다. 이를 통

해 한국교회 안에서 근본주의와 일정 거리를 두고 있는 이념적 중립지대에 있는 분들과 연대를 형성할 수 있는 가능성을 발견할 수 있다.

사회자: 목회 현장에서 이 과제를 시도할 수 있는 그룹, 대안적인 활동을 할 사람을 찾는 것이 중요해 보인다.

지형은: 이러한 시도는 충분히 시뮬레이션 하는 과정이 필요하다. 그리고 길게 잡아야 한다. 짧게 잡아도 10년, 어쩌면 우리가 은퇴할 때까지 이어져야할 장기과제로 봐야 한다. 목회지침은 어떻게 할 것인지, 매뉴얼은 무엇인지, 또한 거기까지 가는 프로세스는 어떻게 진척시켜 나갈 것인지 종합적인 디자인을 준비해야 한다. 한국 기독교 역사신학회, 조직신학회, 윤리학회 등의 신학적 그룹을 포함하여, 비신학 사회학계와 함께 현상을 분석한 자료가 뒷받침되어야 할 것이다. 그래야만 정치적 극우 활동을 하는 일부 목회자에게 동질감을 느끼던 사람들이 이탈, 분리되기 시작할 것이다.

김주용: 이런 자리들이 참 유익하다. 교회 안의 문화도 변해서 성도들과 함께 자유롭게 이런 대화를 나누는 자리가 마련되

길 희망한다. 한국교회 안에 나타나는 근본주의 현상들은 오늘 패널분들의 말씀처럼 '반문화적 현상'이라고 본다. 정반합의 관점에서 볼 때 건강한 판단력을 가진 그리스도인들이 이러한 어려움을 잘 극복할 수 있지 않을까? 비록 전망은 어둡지만 빛을 발견할 것이라 믿는다. 교회 안에서 이러한 토론의 장을 마련하여 지도자들이 머리를 맞대고 대화를 이어간다면 반드시 대안을 찾을 수 있을 것이다.

박성철: 근본주의 문제는 신학적 문제로만 머물러서는 안 된다. 사회적 문제와 함께 가야 한다. 그 전통이 개신교 내에서도 충분히 있다고 본다. 사실 개신교의 태동을 살펴보면, 루터는 신학적, 사회적, 영적, 세속적인 것을 구분하지 않았다. 루터 또한 제후들과 연대하여 종교개혁을 이룩했고, 교회 안에서 해결할 수 없는 것을 사회적 연대를 통해 극복했다. 연대의 필요성을 강조하는 것은 목회자 중심의 힘으로는 해결할 수 없기 때문이다. 만약 할 수 있었다면 이미 변화를 만들어냈을 것이다. 개혁적 생각을 가진 성도들, 가나안 성도들, 마음을 합한 사람들과 연대하여 변화를 추구해 나야 한다. 루터처럼 새로운 변화를 위한 길을 찾아보자.

옥성삼: 7개 교회든 12개 교회든 이 일을 할 수 있는 작은 연대를 만들자. 신학자, 목회자, 사회학자들이 함께 자리를 만들어보자. 개별적으로 움직인다면 반발과 공격을 버티지 못할 것이다. 브레인 그룹, 싱크탱크를 만들어 개신교계의 다보스포럼을 만든다면 목소리를 내는 행위 또한 가벼워질 것이다. 아울러 평신도 연대를 늘여가는 것도 좋다.

이상학: 가스펠투데이가 허브 역할을 해주길 바란다. 싱크탱크 그룹에서 지속적 성과물이 나오면 크게 유익할 것이다. 한편으로는 이런 생각이 든다. 오늘날 이 문제가 과연 한국교회의 뇌관이 맞을까? 만일 그러하다면 우리가 힘을 다해서 해결하려 노력해야 하지 않겠는가?

지형은: 뇌관이 맞느냐는 성찰에 깊이 공감한다. 이러한 문제를 두고 여러 단체, 학회의 문을 두드릴 예정이다. 시간이 걸리더라도 함께 모색해보자.

⟨시리즈를 마무리하며 남기는 제언⟩

안교성 교수(장로회신학대학교 역사신학/교회사)

1. 한국교회는 한국과 한국교회에 대한 바른 정체성 의식을 가져야 한다. 한국은 기독교 국가가 아닌 세속국가이다. 따라서 기독교는 국교가 아니고, 한국에 필요한 것은 교회와 국가(Church and State)의 건전한 관계 곧 견제와 균형을 이루는 관계이다. 한국교회 중 일부는 시대착오적으로 서구 중세의 기독교권(Christendom)의 국교 모델을 주장하거나, 미국식의 준국교 모델을 주장한다.

2. 한국은 현재 시민사회로 이행하고 있다. 따라서 한국교회는 이전의 사회 지도자 역할을 자임하는 정치신학 모델을 사용할 수 없다. 현재 한국교회가 한국사회와 소통하고 협력이 가능한 것은 공공신학 모델이다. 공공신학은 공공 담론의 일부로, 공공 담론에 참여하려면, 상대방과의 공통점과 차이점을 인정하고, 상이한 의견 조정의 훈련이 필요하다.

3. 한국은 후기근대주의 시대로 진입하고 있고, 특히 신세대

들이 새로운 인식론의 성향을 강하게 나타내고 있다. 따라서 한국교회는 전근대적, 근대적 패러다임을 고집하지 말고, 새로운 후기 근대적 패러다임에 전향적으로 접근해야 한다.

이상의 세 가지 사항의 공통점은 자유로운 대화의 공간을 전제한다는 것이다. 근본주의는 전형적인 폐쇄적 대화 형태다. 한국교회는 국가와 사회, 타종교와 기독교 내의 타종파와의 대화에 성숙된 모습을 보여야 한다. 그렇지 않을 경우, 영향력을 상실하거나 감소하는 것을 넘어서, 아예 소외될 수 있다.

정병준 교수(서울장신대학교)

가스펠투데이를 통해 발표된 여섯 편의 글에서 나타난 내용을 종합하여 다음과 같이 제안을 드린다.

1. 한국장로교회의 정체성이 근본주의 신학이 아님을 분명하게 교육하고 가르쳐야 한다. 한국에서 보수적인 장로교단들은 근본주의 신학을 '구 프린스턴 신학'의 계승, 혹은 칼빈주의 정통주의, 보수적 개혁주의 등으로 미화했고, 그 결과

근본주의 신학의 문제점이 잘 드러나지 않았다. 한국의 초기 장로교 선교사들이 근본주의 신학에 근거하여 선교한 것이 아니라는 점을 역사적으로 분명하게 밝히고, 근본주의 신학은 1925년 이후 미국의 현대주의-근본주의 논쟁 이후 한국에 들어온 미국의 아류 신학이라는 점을 분명하게 가르쳐야 한다. 그리고 마펫과 언더우드의 전통과 근본주의를 함께 묶어서 한국장로교의 보수주의라고 주장하는 일부 보수장로교회 역사학자들의 주장을 부정할 필요가 있다.

2. 임희국 교수님의 글의 취지를 더 구체화하고 연구해서 한국장로교회 통합측이 지닌 복음주의-에큐메니칼 전통이 한국장로교회의 초기 전통을 계승하는 것임을 밝힐 필요가 있다.

3. 김주용 목사님의 글은 목회 현장에서 나타난 근본주의 신학의 폐해를 아주 구체적으로 설명하고 있다. 그러한 사례가 더 연구되어서 교회의 교인들에게 근본주의 신학이 한국교회 안에서 어떤 피해를 주고 있는지 알리고, 스스로 깨닫고 조심하도록 하는 지침이 개발되었으면 좋겠다.

4. 이상학 목사님의 글은 근본주의가 영성 형성에 얼마나 부정적인 영향을 주고 있는지 깨닫는데 큰 도움이 되었다. 건강한 영성과 근본주의 영성의 차이점을 비교할 수 있는 도표가 만들어지면 신학생들과 의식 있는 교인들에게 큰 도움이 될 수 있을 것이다.

5. 이상의 발표된 글들이 더 발전된 형태로 출판되어서 신학교의 교재와 신학생들의 필독서로 사용될 수 있기를 바란다.